# Das Licht Tibets

## Leben und Welt des spirituellen Meisters Khyentse Rimpoche

*Mit einem Geleitwort des*

DALAI LAMA

*Auszüge aus den Schriften von*

KHYENTSE RIMPOCHE UND ANDEREN LEHRERN

*Fotografien und Text von*

MATTHIEU RICARD



*Ins Deutsche übertragen von der*

PADMAKARA TRANSLATION GROUP

ZWEITAUSENDEINS

(Vorsatzpapier) Birken bedecken eine Hügellandschaft am Fuß des Wu-t'ai-shan, (tibetisch Riwo Tse Nga), ein Heiligtum Manjushris in Zentralchina.

(Seite 2) Khyentse Rimpoche überquert in der Nähe von Derge den 5500 Meter hohen Paß Gosé-La (»Weiße Haare«) in Osttibet, der so genannt wird, weil seine Überwindung so lange dauert, daß der Wanderer dabei ergraut. 1988 reiste dort Khyentse Rimpoche, getragen in einer Sänfte von den Dorfbewohnern entlang der Reiseroute, die sich alle Viertelstunde abwechselten. Vor lauter Begeisterung gingen sie so schnell, daß die übrige Reisegruppe, auch diejenigen, die keine Lasten trugen, ihnen kaum folgen konnte.

(rechts) Das Tal von Junyong, unweit des Geburtsortes von Mipham Rimpoche, des großen Meisters, von dem Khyentse Rimpoche kurz nach seiner Geburt gesegnet worden war.

# Inhalt

# VORBEMERKUNG DES AUTORS

Dieses Buch ist meinem Meister Dilgo Khyentse Rimpoche gewidmet sowie meinen Gefährten auf dem spirituellen Weg und all denen, die sich von diesen Bildern angesprochen fühlen. Als ich 1967 nach Indien reiste, begegnete ich in Darjeeling meinem ersten Meister, Kyabje Kangyur Rimpoche. Seit 1972 lebe ich ständig im Himalaya. Nach Kangyur Rimpoches Tod verbrachte ich zwölf Jahre mit Khyentse Rimpoche in Bhutan, Indien und Nepal. Ich studierte bei ihm, diente ihm und wurde buddhistischer Mönch. Außerdem hatte ich das Glück, ihn dreimal nach Tibet begleiten zu dürfen.

Während dieser Jahre habe ich meine Meister und ihre Welt fotografiert, um andere an ihrer Schönheit, Kraft und Tiefe teilhaben zu lassen.

Nach buddhistischer Lehre ist in allen Lebewesen die Buddha-Natur vorhanden, und sofern wir sie nicht unter dem Einfluß negativer Gedanken falsch wahrnehmen, ist die Welt der Erscheinungen von sich aus vollkommen. Von positiven Eigenschaften, wie Warmherzigkeit und Mitgefühl, nimmt man an, daß sie die wahre Natur des Menschen widerspiegeln. Was die gute Seite des menschlichen Wesens betrifft, hoffe ich, daß sie in meinen Bildern zum Ausdruck kommt. Auch in großem Leiden können sich Schönheit und Würde behaupten, auch angesichts von Zerstörung und Verfolgung kann Hoffnung überdauern. Dies gilt besonders für Tibet und seine Menschen, die ihre Fröhlichkeit, innere Kraft und ihr Vertrauen bewahren konnten, trotz der ethnischen und kulturellen Vernichtung, der ihr Land ausgeliefert ist.

Seit Khyentse Rimpoches Tod im Jahr 1991 sorgt sein Enkel und spiritueller Erbe Shechen Rabjam Rimpoche, unterstützt von zahlreichen Schülern seines Großvaters, für die Erhaltung der Lehre in den Shechen-Klöstern in Nepal und Tibet sowie in ihren Zweigorganisationen in anderen Teilen der Welt. Die Shechen Foundation ist Schutzherrin dieses Buchprojekts.

Die Biographie über Khyentse Rimpoche stützt sich auf drei Quellen: auf seine Autobiographie, was die frühen Jahre betrifft, auf Tonbandaufzeichnungen, in denen er über sein Leben in Tibet berichtet, und auf Mitteilungen seiner Frau und seiner Schüler. Die Gedichte, Lieder und Unterweisungen sind unterschiedlichen Quellen entnommen, die am Schluß bibliographiert werden.

Die tibetischen Texte wurden von der Padmakara Übersetzergruppe ins Englische übertragen; die Übersetzer und Übersetzerinnen gehören verschiedenen Nationen an und studieren und praktizieren den Buddhismus unter Anleitung von herausragenden Meistern seit Jahrzehnten. Die Gruppe hat ihren Sitz in der Dordogne, Frankreich; sie steht unter der Leitung von Pema Wangyal Rimpoche und Jigme Khyentse Rimpoche und hat sich zur Aufgabe gemacht, buddhistische Schriften und mündliche Unterweisungen so genau und getreu wie möglich in westliche Sprachen zu übersetzen. Für die deutsche Übersetzung dieses Buches ist Sabine von Minden verantwortlich.

Mein besonderer Dank gilt Henri Cartier-Bresson für sein Engagement, seine Inspiration und Unterstützung sowie Michael Hoffman, ohne dessen Begeisterung und Erfahrung dieses Projekt nicht zustande gekommen wäre.

Zum Schluß möchte ich meine tiefe Dankbarkeit gegenüber S.H. dem Dalai Lama ausdrücken, der sich stets besonders der Schüler von Khyentse Rimpoche angenommen hat und der in seinem Geleitwort einige Erinnerungen an ihn mit uns teilt.

M. R.

# Geleitwort des Dalai Lama

Khyentse Rimpoche ist einer meiner am meisten verehrten Lehrer. Von ihm habe ich viele bedeutende Belehrungen erhalten, besonders aus der Nyingma-Tradition über die Erfahrung von *rigpa*.

Schon bei der ersten Begegnung machte er einen nachhaltigen Eindruck auf mich. Danach hatte ich in tiefen Erfahrungen und Träumen klare Anzeichen dafür, daß zwischen uns eine besondere karmische Verbindung besteht. In der Folge begann ich von ihm Belehrungen zu erhalten. Ich bin ihm heute sehr dankbar für all die Hilfe, die er mir gegeben hat.

Khyentse Rimpoche wurde durch seine vollständige und authentische Verwirklichung und nicht aufgrund eines hohen Rangs in der religiösen Hierarchie zu einem großen Lehrer. Als Inkarnation von Jamyang Khyentse Wangpo, einem tibetischen Meister des 19. Jahrhunderts, wies er schon als Kind das spirituelle Potential seiner früheren Leben auf. Er erhielt von vielen Meistern Unterweisungen, die er nicht theoretisches Wissen bleiben ließ, sondern in die Praxis umsetzte und direkt erfuhr.

Er war noch sehr jung, als er das Leben eines Einsiedlers zu führen begann, um über die Lehren nachzudenken und ihren wirklichen Sinn zu erkennen. Er drang zur eigentlichen Essenz, zum Kern der Meditation vor und wurde dadurch zum Linienhalter einer lebendigen Tradition, das heißt der Initiationen, Übermittlungen und Kernunterweisungen der acht spirituellen Hauptlinien, die in Tibet blühten und die Tradition von Sutra und Tantra umfassen.

Neben seinen verborgenen anderen Qualitäten war er ganz offenkundig ein großer Gelehrter und Praktizierender. Besonders schätzte ich seine undogmatische Sichtweise. In Tibet gab es eine große Zahl unterschiedlicher spiritueller Überlieferungen, die einer bestimmten Art zu praktizieren entsprechen und unverwechselbare Merkmale haben. So wird zum Beispiel einem Aspekt der Praxis mal mehr, mal weniger Gewicht beigemessen, oder es werden wichtige Stellen aus den Schriften auf spezielle Weise erklärt. Beim Studium dieser verschiedenen Überlieferungen erkennt man, daß sie sich gegenseitig ergänzen. Ein nichtsektiererischer Ansatz ist deshalb für die eigene Praxis sehr nützlich und trägt auch zum Erhalt der buddhistischen Lehre bei.

Trotz seiner großen Anhängerschaft und seines Ruhms war Khyentse Rimpoche immer freundlich und bescheiden. Seine tiefe spirituelle Erfahrung war offenkundig, aber er rühmte sich nie seines Wissens. Dies ist wirklich sehr bemerkenswert. Zu allen Menschen, angesehenen oder einfachen Leuten, war er gleich liebevoll, und nie hat ihn jemand ein verletzendes, unfreundliches Wort sagen gehört.

Er arbeitete unermüdlich daran, Buddhas Lehre zum Wohl aller Wesen zu erhalten und zu verbreiten, indem er vom Untergang bedrohte Schriften kopieren und zerstörte Klöster wieder aufbauen ließ und, was noch wichtiger ist, indem er Unterweisungen gab. Noch im hohen Alter war er jederzeit bereit, jedem, aus dem ein Linienhalter werden konnte, Erklärungen zu den Texten, Initiationen und Kernunterweisungen zu geben. Alles was er tat, war einzig und allein darauf ausgerichtet, anderen zu helfen und die Lehren zu erhalten. Darüber hinaus hat er viele Abhandlungen und Kommentare verfaßt.

Khyentse Rimpoche ist ein Vorbild für alle anderen Halter der Lehren. Wir sollten nicht nur sein unvorstellbares Wissen, seine Weisheit und Verwirklichung bewundern, sondern, was viel wichtiger ist, auch seinem Beispiel folgen und seinen Qualitäten nacheifern. Buddhas Lehren sind für jeden von großem Wert, nicht nur für diejenigen, die ihnen ihr ganzes Leben geweiht haben, sondern für alle Menschen, und wir müssen unser möglichstes tun, sie zu praktizieren und anzuwenden und den großen Meistern zu folgen. So erfüllen wir die Wünsche unseres Meisters; und das ist die beste Opfergabe, die wir ihm darbringen können. Ich persönlich empfinde als den besten Weg, meinen Meister zu erfreuen, ihm meine spirituelle Praxis und meine Verwirklichung darzubringen, und ich fordere all meine spirituellen Freunde auf, es ebenso zu machen. Ich glaube, daß die heutigen Praktizierenden viel daraus lernen können, wenn sie erfahren, wie sehr sich die großen Praktizierenden der Vergangenheit auf dem Pfad bemüht haben.

Als Rimpoches Schüler möchte ich im Namen aller seiner anderen Schüler sagen, welch großes Glück wir hatten, daß wir ihm begegnet sind und Lehren von ihm erhalten haben. Was wir von ihm bekamen, ist unschätzbar. Nun kommt es darauf an, diese Lehren in unserem täglichen Leben anzuwenden und gute Schüler eines solch guten Lehrers zu werden!

Tiefe spirituelle Erfahrungen, die sich logischer Erklärung entziehen, lassen sich nur schwer in Worte fassen; sie sind vielmehr abhängig vom Segen und von der Inspiration, die man über den Meister von der spirituellen Übermittlungslinie empfängt. Aus diesem Grund wird im Buddhismus, insbesondere im Vajrayana, so großer Wert auf die Praxis des Guru Yoga – die Vereinigung mit der Natur des Meisters – gelegt. In der Dzogchen-Überlieferung ist sie unentbehrlich für die Verwirklichung von *rigpa*. Weil die Praxis des Guru Yoga so wesentlich ist, sind auch die Qualitäten des Lehrers ganz entscheidend. Die notwendigen Qualitäten eines authentischen Lehrers wurden von Buddha selbst in vielen Sutras und Tantras beschrieben. All diese Qualitäten fand ich in Khyentse Rimpoche vereint.

Dafür, daß der Buddhismus in Tibet zu blühen begann, war der Segen von Guru Rimpoche, Padmasambhava, von großer Bedeutung. Seine Gebete und sein Mitgefühl bewirkten eine besondere Verbindung zwischen ihm und Tibet. Wir leben heute in einer Zeit, in der sich aus spiritueller Sicht die Bedingungen verschlechtert haben. Die Menschen sind sehr intelligent und erfinderisch, es mangelt ihnen aber oft an echter Warmherzigkeit, und ihre Intelligenz gebrauchen sie mehr und mehr auf destruktive Art und Weise. Die Tibeter selbst durchleben angesichts der Zerstörung Tibets und des tibetischen Buddhismus eine sehr leidvolle Epoche. Überall in der Welt haben die Auseinandersetzungen und Katastrophen zugenommen. In solchen Zeiten ist der Segen von Padmasambhava besonders wichtig, und ich fühle, daß das gleiche für den Segen von Khyentse Rimpoche gilt, denn er hatte eine spezielle Verbindung mit Padmasambhava.

So viel also über meinen Meister.

Ich freue mich sehr über die Veröffentlichung der reich illustrierten Biographie von Khyentse Rimpoche. Ich bete, daß meines Meisters Weisheit unseren Geist durchdringt, und ich danke dem Fotografen Ehrw. Konchok Tenzin (Matthieu Ricard), dem Verleger und allen, die am Zustandekommen des Buches beteiligt waren.

*Der Dalai Lama, 26. März 1996*

# EINFÜHRUNG

Dieses Buch will uns einen Einblick in eine altertümliche, aber dennoch für unsere heutige Zeit bedeutsame Welt geben und uns einen Eindruck vom Leben eines tibetischen buddhistischen Meisters vermitteln. Es will uns eine einzigartige Kultur vorstellen, die trotz aller Umwälzungen in ihrem Heimatland immer noch in ihrer ursprünglichen Authentizität weiterlebt.

Über tausend Jahre lang war die buddhistische Kultur das Fundament der tibetischen Gesellschaft. Ein Viertel der Bevölkerung waren Mönche und Nonnen, was in der Menschheitsgeschichte vermutlich einmalig ist. Die eigentliche Orientierung des Lebens lag in der spirituellen Praxis, und auch für Laien – Männer und Frauen, Nomaden, Bauern und Händler – waren die Alltagsaktivitäten im Vergleich zu diesem höheren Streben zweitrangig.

Dieses allgemeine Engagement in der spirituellen Praxis wurde zweifellos durch die dem Buddhismus eigene pragmatische Methode gefördert, sich zu einem besseren Menschen zu entwickeln, indem er zeigt, wie man sich selbst die Ursache für Glück oder Leiden schafft. Außerdem werden dabei auch die tief bewegende Schönheit, Weiträumigkeit und kristallene Klarheit der tibetischen Landschaft eine Rolle gespielt haben, die zu einem meditativen Leben inspirieren. Vor allem aber waren es die bemerkenswerten Männer- und Frauengestalten des tibetischen Buddhismus, die als leibhaftige Beispiele für die Erleuchtung eine ständige Quelle der Inspiration für die Gemeinschaft bildeten.

Meist begann der spirituelle Weg des seines materialistischen und ichbezogenen Lebens überdrüssigen Tibeters mit der Suche nach einem Lehrer, dem er vertrauen und dessen Unterweisungen er praktizieren wollte. Dann meditierte und studierte der Schüler mit großer Hingabe in einem Kloster oder einer Einsiedelei, oder aber als Laie zu Hause während der langen Zeiten der Muße, die das traditionelle Leben der Tibeter bietet. Aus manchem Schüler wurde ein Meister, der seinerseits die Lehre an andere weitergeben konnte. Ziel aller Praktizierenden ist die eigene Entwicklung und Vervollkommnung, um dadurch anderen wirklich helfen zu können.

Der Altruismus ist die Grundlage des buddhistischen Weges. In sozialer und kultureller Hinsicht manifestiert sich dies als Gewaltlosigkeit: Gewaltlosigkeit gegenüber Menschen, gegenüber Tieren und gegenüber der Umwelt. Die Tibeter führen keine Kriege, sie jagen und fischen nicht, und sie schädigen ihr an Naturschätzen reiches Land nicht durch Raubbau.

Die einzigartige Mischung von Fröhlichkeit, Kraft und tief verwurzeltem Vertrauen in die buddhistische Lehre – dieser Charakterzug der Tibeter beeindruckt alle, die ins Schneeland reisen oder tibetischen Flüchtlingen begegnen.

In den späten fünfziger Jahren setzte der Einmarsch des kommunistischen China in Tibet tausend Jahren Frieden ein schreckliches Ende. In den sechziger Jahren folgte die Kulturrevolution, und in den zwei Jahrzehnten darauf forderten Verfolgungen und Hungersnöte eine Million Tote, ein Sechstel der Bevölkerung Tibets. Sechstausend Klöster und Tempel wurden zerstört. Tausende von Büchern wurden verbrannt oder in die Flüsse geworfen. Kostbare Bronzestatuen wurden eingeschmolzen und zu Kanonen und Gewehren verarbeitet. Ein Völkermord, der den Menschen und ihrer Kultur galt.

Über hunderttausend Tibeter folgten ihrem geistlichen und weltlichen Führer, dem 14. Dalai Lama, nach Indien oder in andere Nachbarländer ins Exil, wo sie sich seither für die Freiheit ihres Landes und den Erhalt der tibetischen Kultur einsetzen. Viele große Meister der vier Hauptschulen des tibetischen Buddhismus gründeten neue Klöster im Exil und setzten dort ihre Lehrtätigkeit fort.

Nach Mao Tse-tungs Tod erlebte Tibet eine gewisse Liberalisierung. 1981, nach fünfundzwanzig Jahren erzwungenen Schweigens, erhielten tibetische Flüchtlinge zum ersten Mal Nachricht von ihren in Tibet verbliebenen Verwandten. Vereinzelt wurden Klöster wieder aufgebaut. Einer begrenzten Zahl von Mönchen wurde erlaubt, ihre buddhistischen Studien und ihr klösterliches Leben wieder aufzunehmen. Das hatte nichts mit Freiheit zu tun, aber jede noch so kleine Verbesserung war willkommen. Es entstanden wieder enge Bindungen zwischen den alten Lehrern, die überlebt hatten, und einer jüngeren Generation, die erstaunlicherweise begierig war, zu studieren und ein Klosterleben zu führen. Die Chinesen mußten feststellen, daß Jahrzehnte der Verfolgung an der Einstellung der Tibeter nichts geändert hatten. Inzwischen hat das chinesische Regime zu anderen Methoden gegriffen. Statt die Tibeter weiterhin lediglich politisch umzuerziehen, hat man sich nun zum Ziel gesetzt, sie durch die massive Einwanderung chinesischer Siedler zur Minderheit im eigenen Land zu machen. Und wenn dieser Siedlungspolitik nicht bald ein Ende gesetzt wird, werden die Chinesen das erreichen, was ihnen mit der Politik der Verfolgung nicht gelang – ein ganzes Volk und seine einzigartige Kultur auszulöschen.

Der Lama, der spirituelle Lehrer, ist der Mittelpunkt der tibetischen Welt. 1985, nach dreißig Jahren im Exil, besuchte Dilgo Khyentse Rimpoche, einer der größten tibetischen Lehrer unserer Zeit, sein Heimatland. Der Enthusiasmus und die Entschlossenheit der Massen, die sich drängten, um ihn zu sehen, beweisen, daß ein Wiedererwachen Tibets immer noch möglich ist. Dies würde jedoch nicht einfach eine Rückkehr zu den alten Zeiten bedeuten. Gerade aufgrund ihres erzwungenen Exils haben inzwischen viele tibetische Lehrer Schüler aus allen Teilen der Welt inspirieren und unterweisen können und ihnen den besonderen und allgemeingültigen Wert dieser einzigartigen Kultur offenbart.

Dies Buch ist ein Porträt Khyentse Rimpoches als Archetyp eines spirituellen Lehrers. Sein Entwicklungsweg mündete in einem außerordentlich tiefen Wissen gab und ließ ihn für alle, die ihm begegneten, zu einem Quell von liebender Güte, Weisheit und Mitgefühl werden.

*Gebetsfahnen, mit Gebeten und sakralen Bildern bedruckt. Es heißt, daß der Wind, der sie berührt, die Segenskraft der Gebete zu allen Wesen bringt, zu denen er weht. Außer dem Wind werden auch andere Elemente genutzt: Gebete werden in den Fels geritzt, große Gebetsmühlen werden vom Wasser der Gebirgsflüsse angetrieben, kleinere von der Hitze, die von der Flamme einer Butterlampe aufsteigt.*

# DIE FRÜHEN JAHRE

*Khyentse Rimpoche Mitte Zwanzig, im weißen Gewand seiner Klausurjahre* (siehe Seite 41)

Khyentse Rimpoche wurde 1910 im Tal von Denkhok in Kham, der östlichsten der vier Hauptprovinzen Tibets, als vierter Sohn der Familie Dilgo geboren, die ihre Abstammung auf den großen tibetischen König Trisong Detsen (8. Jahrhundert) zurückführt. Kham bestand aus vielen kleinen Königreichen, von denen Derge das größte und einflußreichste war. Großvater und Vater von Khyentse Rimpoche waren beide Minister des Königs von Derge. In seiner Autobiographie erzählt Khyentse Rimpoche:

Einer meiner Vorfahren fiel in der Schlacht für den König von Derge, und als Entschädigung bekam die Familie Dilgo einen Besitz mit fruchtbarem Land im Tal von Denkhok zugesprochen. Zur Zeit meines Urgroßvaters schickte unsere Familie jedes Frühjahr ein Dienerpaar nach Denkhok, die dort die Felder zu bearbeiten und nach dem rechten zu sehen hatten. Im Winter kehrten die beiden dann nach Derge zurück. Dieses Paar hatte einen der zahlreichen Söhne der Familie Dilgo besonders ins Herz geschlossen, nämlich meinen Großvater Tashi Tsering. Er war nicht unbedingt der Lieblingssohn seiner Eltern, und im übrigen hatte die Familie so viele Söhne, daß man ihm keine besondere Aufmerksamkeit schenkte, und so kam es, daß ihn das Dienerpaar als Sohn annahm.

Eines Jahres wurde entschieden, daß das Dienerpaar ständig in Denkhok leben sollte. Die beiden versuchten, ihre Abreise vor Tashi Tsering geheimzuhalten, um ihm den Schmerz des Abschieds zu ersparen. Aber der Junge hatte es erfahren, sich bereits reisefertig gemacht und bestand nun darauf, mit ihnen zu gehen. Die Familie willigte schließlich ein und ließ ihn mit den Bediensteten nach Denkhok ziehen.

Als junger Mann gewann er politischen Einfluß und wurde Minister der Regierung von Derge; man schätzte seine Ehrlichkeit, Intelligenz und Bildung. Seine Frau war eine gläubige Buddhistin, sie meditierte oft und lange über Chenrezi, den Buddha des Mitgefühls. Ihrer beider Sohn war mein Vater.

Die wichtigsten Lamas* meiner Familie waren Jamyang Khyentse Wangpo und Jamgön Kongtrul. Als junger Mann ging mein Vater oft auf die Jagd, trotz der Warnung meines Großvaters, daß Jamyang Khyentse dies sicherlich mißbilligen würde. Als die Familie eines Tages zum Dzongsar-Kloster reiste, um Jamyang Khyentse zu besuchen, rief dieser meinen Vater zu sich und fragte ihn: »Hast du nicht Tiere getötet?«

»Ja«, erwiderte mein Vater nervös, »ich habe ein paar getötet.« Einen Lama anzulügen war undenkbar.

»Die Familie Dilgo ist reich, es besteht keine Notwendigkeit für dich zu jagen. Du mußt heute geloben, nie mehr zu jagen.« Mit diesen Worten nahm Jamyang Khyentse ein geweihtes Bild und legte es auf den Kopf meines Vaters. Mein Vater fühlte sich beschämt und verlegen.

Als er zurück war, fragte ihn mein Großvater: »Was hat Rimpoche dir gesagt?« Aber mein Vater war zu aufgebracht, um zu antworten. »Hat er dir gesagt, du sollst nicht mehr auf die Jagd gehen?«

»Ja, das hat er gesagt«, gab mein Vater schließlich zu.

Mein Großvater hatte Jamyang Khyentse nicht erzählt, daß mein Vater ein leidenschaftlicher Jäger war, er konnte es nur aufgrund seiner großen Hellsichtigkeit gewußt haben. Von da an jagte mein Vater nie wieder.

Meine Mutter war die Tochter eines anderen Ministers von Derge. Sie war sehr sanftmütig, während mein Vater eher streng war.

Unser Haus war groß wie ein Palast, es hatte über hundert Zimmer und einige sehr schöne Tempelräume. Im Westflügel befand sich der Haupttempel. So laut die Musikinstrumente dort auch gespielt wurden, im Ostflügel, in dem meine Eltern wohnten, konnte man nichts davon hören. Mit ungefähr sieben Jahren pflegte ich mich wie ein Mönch in einen roten Schal zu wickeln und meine Diener aufzufordern, dasselbe zu tun. Wir führten dann Zeremonien aus. Wenn die vielen

**Lama* heißt spiritueller Lehrer. Bedeutende Lamas, die sich mehrfach inkarnieren, werden mit dem Titel *Rimpoche*, »Kostbarer«, angesprochen. Viele Lamas, aber keineswegs alle, sind Mönche.

Besucher meines Vaters fragten, aus welchem Kloster wir wären, hatten wir was zu kichern.

Im Sommer ging ich nach dem morgendlichen Lernen in die Berge, wo ich inmitten der blumenübersäten Wiesen ein Zelt aufschlug. Ich blieb den ganzen Tag über dort und spielte am Bach. Am späten Nachmittag kehrte ich wieder heim, um weiter zu lernen.

Meine Familie besaß über zehntausend Tiere. Sie wurden von Nomadenfamilien gehütet, die dafür einen Teil dessen erhielten, was die Tiere einbrachten. Im Frühjahr nach der Schneeschmelze und im Herbst zur Erntezeit gab es zwei Monate lang auf unseren Feldern Arbeit für viele Menschen.

Als mein Vater Mitte Fünfzig war, stürzte unser Haus in Denkhok bei einem Erdbeben ein. Meine beiden Großeltern und mein ältester Bruder kamen dabei ums Leben.

Kurz vor der Geburt des dritten Sohnes meiner Eltern hatte der im Haus lebende Lama mehrere glückverheißende Träume. So träumte er, daß zwei berühmte Zimbeln aus dem Benchen-Kloster in einer Menschenmenge gespielt wurden, die sich bei uns im Haus versammelt hatte. Wie er sagte, bedeutete dies, daß der erwartete Sohn eine Inkarnation von Sangye Nyenpa sein würde, eines großen Lehrers, dessen Sitz das Benchen-Kloster war. Mein Vater, der sich seine Söhne von den Mönchen nicht wegnehmen lassen wollte, geriet darüber in Wut. Er sagte dem Lama, daß er ihm, wenn er nicht so ein langjähriger und guter Freund der Familie wäre, dafür hundert Peitschenhiebe geben würde. Der Lama mußte ihm schwören, nicht über seinen Traum zu sprechen. Aber einige Zeit später erklärte Gyalwa Karmapa, daß es sich bei dem Kind in der Tat um Sangye Nyenpa Rimpoche handelte, und mein Vater mußte wohl oder übel seinen Sohn dem Benchen-Kloster überlassen. Besorgt fragte er sich, ob er auch alle künftigen Söhne auf diese Weise verlieren würde.

Als meine Mutter mit mir – dem vierten Sohn – schwanger war, ging die Familie Mipham Rimpoche besuchen, einen großen Lehrer, der eine Stunde Fußmarsch von unserem Landsitz entfernt in einer Einsiedelei lebte. Mipham Rimpoche erkundigte sich sofort, ob meine Mutter schwanger sei. Meine Eltern bejahten und fragten ihn, ob es ein Junge oder ein Mädchen wäre.

»Ein Sohn«, sagte Mipham Rimpoche, »und es ist wichtig, mich umgehend zu informieren, wenn er geboren ist.«

Er gab meiner Mutter eine Schutzschnur und geweihte Pillen von Manjushri, dem Buddha der Weisheit (siehe Seite 36), die ich nach der Geburt erhalten sollte. Als ich gerade geboren war, schrieb mir, noch bevor ich von meiner Mutter gestillt wurde, ein Lama pflichtgetreu die Keimsilbe *Dhi** mit Hilfe der zerstoßenen und mit Safranwasser vermischten Pillen auf die Zunge.

Als ich drei Tage alt war, nahmen mich meine Eltern zu Mipham Rimpoche mit, der sagte, daß ich ein außergewöhnliches Kind sei. Schon bei meiner Geburt hatte ich langes Haar, das mir bis über die Augen fiel. Mein Vater fragte, ob es geschnitten werden sollte, aber Mipham Rimpoche sagte nein und band es in fünf Büscheln hoch, wie Manjushris Haar. Auf Bitten meiner Mutter gab er mir den Namen Tashi Paljor (»Glückverheißender Ruhm«). Er schrieb ihn auf einen Papierstreifen, den meine Mutter später in ihrem Gebetbuch aufbewahrte.

Etwas später nahmen mich meine Eltern erneut zu Mipham Rimpoche mit. Er segnete mich, gab mir eine Manjushri-Initiation und sagte: »All deine zukünftigen Leben hindurch werde ich für dich sorgen.« Ich glaube, sein Segen war das wichtigste Ereignis in meinem Leben.

Als ich ein Jahr alt war, besuchte uns Loter Wangpo, ein großer Lama der Sakya-Linie. Er war der engste Sakya-Schüler von Jamyang Khyentse Wangpo. Weil zu dieser Zeit eine Epidemie in der Gegend grassierte und meine Eltern Angst hatten, ich könnte mich anstecken, hatte sich meine Mutter mit mir in die Berge zurückgezogen. Als Loter Wangpo ankam, brachte sie mich hinunter, damit ich ihn sehen konnte.

Er segnete mich, sprach einige Gebete und sagte zu meiner Mutter: »Dies ist kein Kind wie die anderen. Ich möchte seine Handlinien sehen.« Er stand auf, was ihm nicht leicht fiel, denn er war ein beleibter Mann, und trug mich zur Türe des Tempels. Im Tageslicht schaute er sich meine Handlinien an und sagte: »Dies ist tatsächlich ein außergewöhnliches Kind.«

Er nahm mich mit in sein Zimmer und gab mir eine Perle aus Jamyang Khyentses Rosenkranz, den er in einem kleinen roten Brokatsäckchen um den Hals trug. Dann knüpfte er eine seidene Schutzschnur für mich und trug seinem Diener auf, eine lange zeremonielle Schärpe aus weißer Seide mit eingewebten Glückszeichen zu bringen. Der etwas knauserige Diener brachte ihm eine gewöhnliche Seidenschärpe, woraufhin Loter Wangpo ihn ärgerlich zurückschickte, eine schönere zu holen. Der Diener kam nun mit einer alten fleckigen Schärpe an, und Loter Wangpo, noch ärgerlicher als vorher, schickte ihn abermals nach einer sauberen neuen weißen Schärpe.

Meine Mutter meinte bescheiden: »Oh, nein, diese ist doch gut genug.«

Aber Loter Wangpo sagte: »Nein, ich brauche eine makellose Schärpe. Dies Kind ist die Emanation meines Lehrers Jamyang Khyentse Wangpo. Drei Tage hintereinander hatte ich Träume und Visionen von Khyentse Wangpo, und als ich diesen Jungen sah, hatte ich keinen Zweifel mehr.«

Wie in allen wichtigen Angelegenheiten suchte mein Vater auch hier den Rat von Mipham Rimpoche, der ihm riet: »Es ist ein bißchen verfrüht, den Jungen öffentlich als Khyentses Inkarnation anzuerkennen. Es könnten Hindernisse provoziert werden.«

Und so übergab mein Vater mich noch nicht an Loter Wangpo, und ich wurde auch nicht ins Dzongsar-Kloster geschickt.

Als ich zwei Jahre alt war, starb Mipham Rimpoche. Shechen Gyaltsap Rimpoche kam, um an den Beisetzungsfeierlichkeiten teilzunehmen. Ich besuchte ihn während seines Aufenthaltes regelmäßig. Er sagte meinem Vater, ich solle später ins Shechen-Kloster geschickt werden, weil ich den buddhistischen Lehren und allen

* Jeder Buddha hat ein spezielles Sanskrit-Schriftzeichen, das die kondensierte Form seines Mantras darstellt.

Wesen von Nutzen sein würde. Mein Vater fragte ihn, welche Anzeichen er dafür habe. Shechen Gyaltsap Rimpoche, der selten über solche Dinge sprach, erklärte, er habe in der Nacht zuvor geträumt, daß sich in unserem Tempel das Bild von Tseringma, der Schützerin des langen Lebens, in die Gottheit verwandelt hatte. Sie habe ihm aufgetragen, sich um dieses Kind zu kümmern, das den Lehren von Nutzen sein werde. Mein Vater, der sehr direkt sein konnte, erwiderte, wenn das wirklich wahr wäre, ließe er mich gehen; sollte es aber nur darum gehen, mit mir einen Thron im Kloster zu besetzen und Klosterpolitik zu betreiben, würde er seine Einwilligung verweigern. Als Gyaltsap Rimpoche ihm nochmals versicherte, ich würde den Lehren und allen Wesen nützen, versprach mein Vater, mich gehen zu lassen. Im Augenblick sei ich allerdings noch zu jung.

Vor seinem Tod hatte Mipham Rimpoche seinem lebenslangen Diener und Schüler Lama Ösel prophezeit: »Wenn ich sterbe, wirst du sehr leiden, aber nur kurze Zeit.« Nach Mipham Rimpoches Tod verlor Lama Ösel fast den Verstand. Er aß nicht mehr und ging ruhelos hin und her. Nach hundert Tagen hatte er eine Vision: Er sah am Himmel Mipham Rimpoche, der, gekleidet wie ein *Pandit*, etwas schrieb. Die beschriebenen Seiten warf er Lama Ösel zu. Die Schriftzeichen waren nicht schwarz, sondern aus strahlend goldenem Licht. Lama Ösel konnte einige Worte lesen: *ösel* (»Klares Licht«) ... *djalu* (»Regenbogenkörper«) ... *dorje* (»Diamant«) ... Mipham Rimpoche deutete dann zum Himmel und sagte dreimal: »Ösel Djalu Dorje.« Von da an hatte sich die Verzweiflung Lama Ösels in Nichts aufgelöst.

Kurz darauf nahm man mich mit zu Kunzang Dechen Dorje, einem hochverwirklichten Meister. »Dieses Kind und ich, wir kennen uns von früher«, sagte er. Und dann fragte er mich: »Kennst du mich?«

(oben) *Ein Rishi bei der Meditation*
(unten) *Die Höhle des großen Weisen, Padampa Sangye, in der Khyentse Rimpoche viele Monate in Klausur verbrachte* (siehe Seite 40)

»Kennst du ihn?« wiederholte mein Vater.

»Ja, ich kenne ihn«, antwortete ich etwas ängstlich.

Kunzang Dechen Dorje sagte: »Durch viele vergangene Leben hindurch haben wir eine Verbindung gehabt. Ich werde ihm ein schönes Geschenk geben.« Er besaß eine Sammlung von seltenen Tassen. Für Gold und Silber interessierte er sich nicht, seine Tassensammlung aber liebte er. Er bat seine Frau, ihm die Schachtel mit den Tassen zu bringen und schenkte mir dann eine erlesene Tasse, die er mit Rosinen füllte.

Mein Vater berichtete Dechen Dorje, daß wir nach Lhasa pilgern wollten, und bat ihn um seinen Schutz.

»Ich werde für euch beten«, sagte er, »meist vergesse ich, wen ich in meine Gebete einschließen soll, wenn meine Frau mich nicht daran erinnert, aber dieses Kind werde ich nie vergessen.«

Wir gingen auf Pilgerreise nach Lhasa. Dort gab ein anderer Lama, Taklung Matrul, meinem Vater den Rat: »Ihr solltet auf dieses Kind besonders achten, es muß ein inkarnierter Lama sein.«

Mein Vater erwiderte nichts. Aber als wir in unser Quartier zurückkamen, erklärte er: »Die Lamas wollen mir diesen Sohn nicht lassen. Ich werde ihn aber nicht Lama werden lassen. Wir sind eine große Familie, wir haben Besitz und Land, und ich möchte, daß er sich später um all das kümmert.«

Als wir zurück in Kham waren, trafen mein Vater, mein ältester Bruder Shedrup und ich den großen Lehrer Adzom Drukpa, einen Mann, der einen tiefen Eindruck auf uns machte. Er trug ein weißes Hemd aus Rohseide mit einem roten Brokatkragen. Um den Hals hatte er eine Onyxkette, und sein langes schwarzes, silbergesträhntes Haar war auf dem Kopf mit einer Schärpe zusammengebunden. Er fragte, ob ich der Sohn sei, der den Familienbesitz übernehmen solle, denn ich trug Laienkleidung und mein Haar im Stil von Derge um den Kopf gewunden.

Dann lachte er: »Ja, sicher, auf eine Art wird er den Familienbesitz erhalten. Doch da ist ein großes Hindernis. Soll ich nachsehen?« Mein Vater nickte.

Nach einem Augenblick meinte Adzom Drukpa: »Es wäre besser, ihr würdet ihn zum Mönch machen.«

Mein Vater gab zu bedenken, wie schwierig das sei.

»Dann werde ich das Hindernis beseitigen«, sagte Adzom Drukpa.

Ein symbolischer Pfeil des langen Lebens wurde herbeigebracht und gemessen. Adzom Drukpa führte ein Ritual des langen Lebens aus, und danach wurde der Pfeil erneut gemessen. Er war um Daumenlänge kürzer geworden.

Adzom Drukpa sagte: »Hier haben wir das Hindernis, von dem ich sprach.«

Mein Vater schien nicht sonderlich beeindruckt. Adzom Drukpa rezitierte die Anrufung noch dreimal. Wieder wurde der Pfeil gemessen, und diesmal war er länger als zu Anfang.

»Ich bin nicht gerade ein gewöhnlicher Mann«, sagte Adzom Drukpa, »und ich wiederhole, es wäre besser, ihn Mönch werden zu lassen.«

Mein Vater zeigte keine Reaktion. Adzom Drukpa gab mir eine Woche lang täglich einen Langes-Leben-Segen. Zum Schluß verkündete er: »Nun habe ich das Hindernis beseitigt.«

Wir machten uns auf den Rückweg nach Denkhok, ohne jeden weiteren Kommentar über meine Zukunft als Mönch.

Unterwegs trafen wir Dzogchen Rimpoche, dem zu Ehren ein Picknick nahe dem riesigen Felsen vor dem Dzogchen-Kloster stattfand. Auch er sagte uns, ich hätte Hindernisse vor mir, und um sie zu überwinden, sollten wir das Leben von Tieren retten. Da mein Vater viele Tiere besaß, konnten wir nach unserer Rückkehr nach Denkhok mehrere tausend Schafe, Yaks und Gänse vor dem Schlachten bewahren.

Im gleichen Jahr verbrühte ich mich lebensgefährlich. In der Landwirtschaft ist der Sommer die geschäftigste Zeit; wir stellten dann immer viele Arbeiter ein. Um sie zu verköstigen, wurde Suppe in enormen Bottichen gekocht. Eines Tages fiel ich beim Spiel mit meinem Bruder in einen der Behälter mit kochender Suppe. Die untere Hälfte meines Körpers war so verbrannt, daß ich trotz der vielen Langes-Leben-Gebete meiner Familie Monate schwerkrank im Bett lag.

Verzweifelt fragte mich mein Vater: »Welche Zeremonien, denkst du, werden dir helfen? Wenn es etwas gibt, das hilft, dein Leben zu retten, dann müssen wir es tun.«

Ich wünschte mir nichts sehnlicher, als Mönch zu werden, und darum antwortete ich: »Es würde helfen, wenn ich Mönchskleider tragen könnte.« Mein Vater versprach es mir und ließ schnellstens die Gewänder anfertigen. Als man sie mir im Bett über den Körper legte, war ich überglücklich. Man legte mir außerdem noch eine Glocke und die rituelle Handtrommel aufs Kopfkissen.

Gleich am nächsten Tag bat ich Lama Ösel, zu kommen und mir den Kopf zu scheren. Später sagte man mir, daß an diesem Tag einige unserer alten Bediensteten weinten: »Nun, da der letzte Dilgo die Gelübde abgelegt hat, ist niemand mehr da, der die Familientradition weiterführt«, klagten sie. Ich aber war so glücklich, daß sich mein Gesundheitszustand besserte und schon bald keine Lebensgefahr mehr bestand. Ich war damals zehn Jahre alt.

*Blick vom Weißen Hain, einige Stunden Fußmarsch von Khyentse Rimpoches Geburtsort Sakar im Tal von Denkhok entfernt. Hier befand sich eine Holzhütte, in der Khyentse Rimpoche fünf Jahre in Klausur lebte* (siehe Seite 41 bis 43). *Die Hütte war so klein, daß sie nur einer Person Platz bot.*

*Typische Weide- und Hochmoorlandschaft in Osttibet. Im Vordergrund das Yakhaarzelt einer Nomadenfamilie. Im Dach des Zelts ist ein Loch für den Rauch, das Feuer aus Yakdung brennt Tag und Nacht in der Feuerstelle. Ein Sommerlager besteht aus vier oder fünf solcher Zelte, bewohnt von einer Sippe, die mehrere hundert Schafe und Yaks hütet. Die Nomadengruppen sind eng mit einem Kloster verbunden, in diesem Fall mit einem Shechen-Kloster. In der Regel werden ein oder zwei Söhne jeder Generation Mönche. Ein Sohn aus diesem Lager ist heute Mönch im Shechen-Kloster in Nepal und dort Computerspezialist für die Textverarbeitung tibetischer Schriften.*

Wann werde ich wohl an einem Ort leben,
der niemandem gehört, den keiner beansprucht,
an einem Ort, weiträumig und ohne Grenzen,
wo ich frei und ohne Bindung bleiben könnte?

In der Einsamkeit werden Körper und Geist
nicht durch Ablenkung gestört.
Deshalb lege das weltliche Leben ab
und höre auf, deine Gedanken wandern zu lassen.

Mit Durchdringender Einsicht und Geistiger Ruhe
wird den Geistesgiften der Boden entzogen.
Also suche zuerst Geistige Ruhe!
Wer sie gefunden hat, entsagt der Welt mit Freude.

In diesen lieblichen Wäldern
werde ich glücklich und zufrieden
meine geistige Unruhe besänftigen
und in seliger Einsamkeit verweilen.

In angenehmen Behausungen aus rohem Fels,
gekühlt von Sandelholzbäumen unterm Mond,
in sanft im Wind sich wiegenden Wäldern
möchte unser Geist den anderen Gutes tun.

Wer seinen Geist auf diese Weise übt
und wessen Glück es ist, die Qualen anderer zu lindern,
der wird in die Hölle der unermeßlichen Pein
hinabtauchen wie Schwäne in einen Lotosteich.

Das überfließende Meer der Freude,
die entsteht, wenn alle Wesen befreit sind,
ist das nicht genug? Befriedigt das nicht?
Was bedeutet dagegen der Wunsch nach meiner eigenen Befreiung?
*Shantideva*

*Khampa-Reiter galoppieren durch die Steppe entlang Khyentse Rimpoches Reiseroute. Die Khampas gehören zu den besten Reitern der Welt. Das Pferd ist unentbehrliches Fortbewegungsmittel für jedermann, selbst für Kinder.*

So wie der Gebirgsbach zum Meer strömt,
Sonne und Mond hinter den westlichen Bergen versinken,
so wie die Tage und Nächte, die Stunden und Minuten dahineilen,
verrinnt unerbittlich unser Leben.

*Padmasambhava*

Gleich einer Sternschnuppe, Fata Morgana, Kerzenflamme,
gleich einem Zauberkunststück,
gleich Tautropfen, Luftblasen im Wasser,
gleich einem Traum, einem Blitz, einer Wolke –
sieh alle zusammengesetzten Dinge.

*Chandrakirti*

Im Gesang der Vögel und dem Rauschen der Bäume,
in den Sonnenstrahlen und dem Himmel selbst
mögen alle lebenden Wesen, jedes einzelne,
die Schwingung des Dharma erkennen.

*Shantideva*

Alle die unglücklich sind, sind es,
weil sie nur ihr eigenes Lebensglück suchen.
Alle, die glücklich sind, sind es,
weil sie das Glück der anderen wollen.

*Shantideva*

Aus Furcht vor dem Tod zog ich mich in die Berge zurück,
wieder und wieder meditierte ich über seine Unvorhersehbarkeit.
Nun habe ich die Festung der unsterblichen Natur des Geistes eingenommen
und bin jenseits aller Angst vor dem Sterben.

*Milarepa*

Mein Heimatland ist überall – nirgendwo bestimmtes.
Mein Kloster die Bergeinsamkeit – nirgendwo besonderes.
Meine Familie sind die Wesen in den sechs Daseinsbereichen.
Mein Name »Der von den Drei Juwelen beschützte Einsiedler«.

*Shabkar*

*(gegenüber) Das Shechen-Kloster in Osttibet. Das während der Kulturrevolution völlig zerstörte Hauptgebäude ist heute zur Hälfte wiederaufgebaut. Umgeben ist es von Häuschen aus Lehm und Holz, in denen die Mönche wohnen. Rechts oberhalb des Klosters liegt das Drei-Jahre-Klausur-Zentrum, weiter oben befindet sich die Einsiedelei von Shechen Gyaltsap Rimpoche. Auf dem linken Hügel stehen die Ruinen von Shechen Kongtruls Klausurhaus (siehe Seite 33). Unten am Fluß stehen die Zelte von Lamas und Mönchen, die von weither gekommen sind, um Khyentse Rimpoche während seines Besuchs zu treffen.*

*(rechts) Zwei Mönche, die zur Begrüßung Khyentse Rimpoches gekommen sind. Der Reiter war einer der Hauptgehilfen des früheren Abtes Shechen Rabjam, der in einem chinesischen Gefängnis verhungert ist. Der andere ist der Gesangsmeister des Klosters. Beide waren über fünfzehn Jahre in einem Zwangsarbeitslager der Chinesen gefangen. Ihre Mönchsgewänder dürfen sie erst seit einigen Jahren wieder tragen.*

*Zwei Tage dauert das sakrale Tanzfest im Shechen-Kloster. Die jährlichen Tänze zelebrieren das Kommen von Padmasambhava, der im 8. Jahrhundert den Buddhismus nach Tibet brachte. Alle zweihundertfünfzig Mönche des Klosters nehmen an dem Ereignis teil, ebenso die Nomaden der Region, für die es das Hauptfest im Jahr ist.*

*Während des sakralen Tanzfestes schlägt ein Mönch eine große, mit Tierhaut bespannte Trommel. Er trägt einen dicken, bis zu den Knöcheln reichenden Schaffellmantel, denn auch im Juli, dem wärmsten Monat des Jahres, kann nachts noch Schnee fallen. Im Winter trägt er einen noch dickeren Umhang aus mehreren zusammengenähten Schaffellen. Die Tibeter finden es komisch, daß man im Westen Pelzmäntel mit der Fellseite nach außen trägt.*

*Hunderte Mönche müssen genau aufeinander abgestimmt zusammenarbeiten, um das riesige Zelt aufzurichten, unter dem die sakralen Tänze stattfinden. Der dicke weiße Baumwollstoff wurde von fünfzehn Mönchen in einer Woche zusammengenäht.*

*Dem zweitägigen Hauptfest folgen noch zwei Tage mit weiteren Festlichkeiten im Freien in der Nähe des Flusses. Die Mönche picknicken und schlafen in Zelten. Während der Tänze und Zeremonien des ersten Tages opfert man den lokalen Gottheiten den duftenden Rauch von Räucherstäbchen, um für den Wohlstand des Klosters und der Menschen in der Umgebung zu bitten.*

Oh, meine geliebten Eltern.
Ihr habt mir ein menschliches Leben gegeben, mit seinen Freiheiten und Vorteilen.
Ihr habt von Anfang an voll Liebe für mich gesorgt.
Da Ihr mir zur Begegnung mit einem wahren Meister verholfen habt,
verdanke ich es Euch, den Weg zur Befreiung gefunden zu haben.

Nachdem ich vom Leben meines vollendeten Meisters gehört,
darüber nachgedacht und meditiert habe,
bin ich entschlossen, die weltlichen Dinge hinter mir zu lassen
und durch einsame, unbewohnte Täler zu streifen.

Vater und Mutter, bleibt in Eurem schönen, stattlichen Haus,
ich, Euer Sohn, sehne mich mehr nach einsamen Höhlen.

Ich danke Euch für die feinen, weichen Kleider, die Ihr mir gabt,
doch ich brauche sie nicht, einfacher weißer Filzstoff ist mir lieber.

Meine wertvollen Dinge lasse ich zurück –
die Bettelschale, ein Wanderstab und Mönchsgewänder genügen mir.

*Am ersten Tag des Hauptfestes proben die Mönche in ihren Mönchsroben, zu denen sie einfache gelbe Schärpen tragen. Erst am zweiten Tag legen sie dann ihre Brokatkostüme und die hölzernen Masken an. Viele Zuschauer haben sich schon versammelt.*

Ohne Bedauern wende ich mich von Luxus und Reichtum ab.
Ein Buch mit tiefgründigen Ratschlägen ist alles, was ich ansammeln möchte.

Aus diesem Garten voll prachtvoller Blumen
ziehe ich in die Einsamkeit hoch aufragender Felsen.

Ich brauche keine Diener, die nur Ärger und Abhängigkeit hervorrufen.
Vögel und wilde Tiere sind die einzigen Gefährten, nach denen ich mich sehne.

Als mein erhabener Lehrer mir früher die Einweihung in die Geheime-Herz-Essenz gab,
gelobte ich, aller weltlichen Geschäftigkeit zu entsagen
und den Dharma zu praktizieren.
Dieses Versprechen ist in mein Herz eingegraben,
ich kann nicht anders, als in eine Bergeinsiedelei zu ziehen.

Euer Sohn wird sich in einsamen Tälern verbergen.
Eure lächelnden Gesichter aber und Eure liebende Sorge
werden mir immer in Erinnerung bleiben.
Und wenn ich die Zitadelle der Verwirklichung einnehme,
wird Eure Güte mit Sicherheit belohnt werden.

*Khyentse Rimpoche im Alter von dreizehn Jahren*

*Duftender Wacholderrauch über dem Platz, wo die Tänze des anschließenden Festes stattfinden. Im Vordergrund das Ritualzelt, gehalten von fünfzig Meter langen Yakhaarseilen. Im Umkreis grasen die Pferde der Besucher. Am Ende findet jeder sein Pferd mühelos von weitem heraus. Dieses Foto, aufgenommen 1995, zeigt den Fortschritt beim Wiederaufbau des Klosters, wenn man es mit den Fotos aus den Jahren 1985* (Seite 113) *und 1988* (Seite 20 und 108–109) *vergleicht.*

So wie jedes einzelne Ding unvermeidlich seinem schließlichen Zerfall entgegengeht, wird sich auch unser eigenes Leben, gleich einer brennenden Öllampe, bald verzehrt haben. Es wäre töricht zu glauben, man könne zuerst all seine Pläne und Vorhaben realisieren, um sich dann in einem späteren Stadium des Lebens zurückzuziehen und den Dharma zu praktizieren. Können wir denn sicher sein, lange genug zu leben? Trifft der Tod nicht die Jungen genauso wie die Alten? Man sollte sich deshalb bei allem, was man tut, an den Tod erinnern und den Geist auf den Dharma ausrichten.

*Khyentse Rimpoche*

Aus Milch läßt sich Butter machen, weil sie das nötige Fett enthält. Aus Wasser kann man keine Butter machen. Der Goldgräber findet das Gold im Gestein und nicht im Holz. In gleicher Weise ist das Streben nach Buddhaschaft nur deshalb sinnvoll, weil die Buddha-Natur schon in jedem lebenden Wesen ist. Gäbe es dieses Potential nicht, wären alle Versuche in dieser Richtung Zeitverschwendung.

*Jamgön Kongtrul*

Der Seemann sollte das Meer überqueren, solange er im Besitz eines Bootes ist. Der Befehlshaber sollte den Feind schlagen, solange ihm eine Armee aus tapferen Männern untersteht. Der Arme sollte die üppig spendende Kuh melken, während sie ihm gehört. Der Reisende sollte sich dann auf die Reise in die Ferne machen, wenn er ein ausgezeichnetes Pferd hat. Und ihr, die ihr jetzt ein kostbares menschliches Leben habt und einen Meister, der die Buddhas der Vergangenheit, Gegenwart und Zukunft verkörpert, denkt mit großer Freude und Begeisterung daran, daß ihr den großen Weg des heiligen Dharma begeht und euch immer mehr dem höchsten Ziel der Befreiung und Erleuchtung nähert.

*Shabkar*

*Nomaden aus der Gegend in ihren dicken Schaffellmänteln warten entlang der Straße im Wacholderfeuerrauch auf die Ankunft Khyentse Rimpoches in Shechen – nach dreißig Jahren Exil.*

*Ein junger Mönch umschreitet eine hohe Mauer aus flachen Steinen, von denen jeder vollständig mit von Hand eingeritzten Gebeten und Mantras bedeckt ist. Auf der Mauer sind Gebetsfahnen befestigt. In Osttibet gab es Mauern, die die gesamten buddhistischen Schriften – das Äquivalent von 103 dicken Büchern – in Stein graviert enthielten. Alle wurden von den Chinesen eingerissen und zerstört. Zur Zeit ist eine Gruppe von Shechen-Mönchen dabei, den buddhistischen Kanon wieder neu einzugravieren.*

*Eine Nomadenfamilie auf ihrem Sommerweideland, das paradoxerweise meist niedriger liegt als die Winterweide. Die Schneeschicht in den Tälern ist im Winter zu dick, während auf den Berghängen der Wind den Schnee zum Teil abträgt, so daß die hungrigen Yaks wenigstens hier etwas Nahrung finden. Der Frühsommer ist die Zeit, in der die Yaks kalben, weil nur dann das Dri, das weibliche Yak, genügend Gras findet, um das Kalb nähren zu können.*

# Begegnung mit spirituellen Lehrern

Khyentse Rimpoches Vorgänger, Jamyang Khyentse Wangpo (1820–1892), reiste dreizehn Jahre unermüdlich durch Tibet, um die Übermittlung von Tausenden verschiedenen Traditionen und Linien der buddhistischen Praxis zu erhalten, die vielfach vom Aussterben bedroht waren. Er ging bescheiden zu Fuß mit einem Sack über der Schulter, und man erzählt sich, er habe dabei drei Paar Stiefel abgetragen. Anschließend stellten er und ein anderer großer Meister, Jamgön Kongtrul, diese bedeutenden Lehren mit großer Sorgfalt zusammen und veröffentlichten sie in fünf umfangreichen Sammelausgaben. Dann gaben sie ihren Schülern die mündlichen Erläuterungen zu den Texten und die rituellen Ermächtigungen, ohne die die Bücher nur einen symbolischen Wert für künftige Generationen gehabt hätten.* Khyentse Wangpo wurde dadurch zum Initiator einer buddhistischen Erneuerungsbewegung in Tibet, von der sich heute noch viele tibetische Meister inspirieren lassen. Mit Vierzig zog er sich für den Rest seines Lebens in Klausur zurück und verließ seine Einsiedelei bis zu seinem Tod im Alter von dreiundsiebzig Jahren nie wieder.

Im Nordosten von Derge liegt Shechen, eines der sechs bedeutendsten Klöster der Nyingmapa-Schule. Hier wurde der zwölfjährige Dilgo Khyentse von Khyentse Wangpos engstem Schüler, Shechen Gyaltsap Rimpoche (1871–1926), formell als eine der fünf Inkarnationen dieses außergewöhnlichen Lamas anerkannt und inthronisiert. Über die unvergeßlichen Jahre, die er mit seinem Lehrer verbrachte, berichtet Khyentse Rimpoche:

*Dzongsar Khyentse Chökyi Lodrö (1896–1959), der zweite von Khyentse Rimpoches drei Meistern*

Nachdem ich mit zehn Jahren Novize geworden war, kam ein großer Gelehrter mit Namen Khenpo Shenga in Denkhok vorbei; er war auf dem Weg nach Kyerku, wo er eine Klosterschule aufbaute. Er war der Meinung, daß ich die Reinkarnation seines Lehrers Onpo Tenga sei, der auch der Meister meines Vaters gewesen war, und forderte mich auf, nach Kyerku in sein Kolleg zu kommen, wo er mich unterrichten würde. Ich ging also nach Kyerku und erhielt dort genaueste Unterweisungen über den *Weg der Bodhisattvas* und die Madhyamika-Philosophie. Vormittags wurde ich von ihm unterwiesen, und anschließend studierte ich allein. Nachmittags stellte er mir Fragen über das, was ich am Vormittag gelernt hatte, und ich wiederholte ein paar Seiten aus den Texten, die ich auswendig zu lernen hatte. An manchen Nachmittagen nahm er mich mit nach draußen, um zu spielen. Einmal zeigte er mir, wie man die herumhuschenden Feldmäuse mit kleinen, gegen den Felsen vor seiner Hütte geworfenen Kieselsteinen zum eiligen Davontrippeln veranlassen konnte. Damit wollte er mich bei Laune halten, damit mich das Lernen nicht langweilte.

Einige Zeit später verließ Khenpo Shenga Kyerku, um in der Regenbogenlicht-Höhle in Derge wie Milarepa in strenger Klausur zu leben. Ich ging mit und blieb fünf Monate bei ihm. Ich erhielt weitere Belehrungen, darunter Patrul Rimpoches *Die Worte meines vollendeten Lehrers*. Einmal sagte er zu mir: »Schau in die Natur des Geistes und sag mir, wie sie ist.« Nicht weit von unseren Zelten, am Fuß eines Felsens, breitete sich eine blühende Wiese aus. Dort saß ich oft, um zu meditieren, und es schien mir, daß die Natur des Geistes klar und leer war. Ich berichtete das Khenpo Shenga, und er und der große Einsiedler Kunga Palden waren über meine Antwort erfreut. Beide deuteten sie als ein Zeichen dafür, daß ich schon in früheren Leben praktiziert hatte. Ich selbst führte meine Antwort aber eher auf das Studium der Madhyamika-Philosophie zurück und war mir nicht sicher, die direkte Erfahrung der Natur des Geistes gemacht zu haben.

Als ich wieder in meinem Elternhaus war, sagte mir mein älterer Bruder Shedrup eines Tages, es sei zwar sehr gut zu studieren, aber theoretisches Wissen allein genüge nicht. Er riet mir, einen Lehrer mit höchster Verwirklichung zu suchen. Nach seiner Ansicht war dies Shechen Gyaltsap Rimpoche. Mein anderer Bruder, Sangye Nyenpa Rimpoche, hatte gerade eine Drei-Jahre-Klausur beendet und wollte diesen Meister ebenfalls aufsuchen, und so machten wir drei Brüder uns zusammen mit meinem Vater und zehn anderen Personen auf den Weg nach Shechen.

* Gemäß tibetischer Tradition muß man einen Text, bevor man ihn studiert oder praktiziert, zuerst laut vorgelesen bekommen, und zwar von einem Lama, der ihn ebenfalls von seinem Lehrer vorgelesen bekam. Oft müssen dazu auch Rituale, sogenannte Ermächtigungen, sowie mündliche Erläuterungen des Textes gegeben werden.

*Shechen Kongtrul (1901–1960) und Shechen Gyaltsap (1871–1926)* (rechts), *Khyentse Rimpoches wichtigster Meister*

Bei unserer Ankunft wurden wir von Gyaltsap Rimpoches Diener begrüßt, der mir und Nyenpa Rimpoche weiße Begrüßungsschärpen überreichte. Er übermittelte uns Gyaltsap Rimpoches Wunsch, wir beide sollten auf einen glückverheißenden Tag warten, wenn wir ihn sehen wollten, da wir zum ersten Mal in Shechen waren; Shedrup, der schon hier gewesen sei, könne zu ihm kommen, wann er wolle.

Es dauerte drei Tage, bis wir eine Nachricht bekamen, und mir, der ich darauf wartete, meinen Meister das erste Mal zu sehen, erschienen diese Tage sehr lang. Schließlich wurden wir zu seiner Klausur geführt. Gyaltsap Rimpoche trug keine Mönchsrobe, sondern eine gelbe, fellgefütterte Jacke. Nur selten verließ er seine Klausur, und sein an den Spitzen gelocktes Haar war ihm bis auf die Schultern herunter gewachsen. Wir durften Platz nehmen, und man servierte uns süßen Safranreis. Gyaltsap Rimpoche wollte alles über die Lehrer und ihre Lehren wissen, denen Nyenpa Rimpoche begegnet war. Drei Stunden lang beantwortete Nyenpa Rimpoche seine Fragen.

Gyaltsap Rimpoches Einsiedelei lag auf einem Felsvorsprung in den Bergen oberhalb des Klosters und war von diesem aus in einem dreiviertelstündigen Fußmarsch über einen steilen und in der Regenzeit glitschigen Weg zu erreichen. Vom Fenster aus konnte man das Kloster sehen und den Fluß unten im Tal, eingerahmt von schneebedeckten Bergen. Direkt unterhalb der Einsiedelei war ein Felsplateau mit Wacholderbüschen, ideal, um dort an sonnigen Tagen in der Stille zu sitzen. Weiter unten gab es eine kleine Höhle, die »Grotte der Leuchtenden Großen Glückseligkeit«, in der Gyaltsap Rimpoche einige Monate in Klausur verbracht hatte. Oberhalb der Einsiedelei gab es weitere Höhlen im Fels. Auf halbem Weg zum Kloster lag das Klausurzentrum von Shechen, wo an die zwanzig Mönche in der traditionellen »Drei Jahre, drei Monate und drei Tage«-Klausur lebten.

Gyaltsap Rimpoche war unbestritten einer der gelehrtesten und verwirklichtsten Lamas seiner Zeit. Einmal hatte er eine Drei-Jahre-Klausur begonnen, tauchte aber zum Erstaunen aller schon nach drei Monaten wieder auf und sagte, er habe sein beabsichtigtes Programm bereits erfüllt. Am nächsten Morgen entdeckte sein Diener in der steinernen Türschwelle der Einsiedelei einen Fußabdruck. Seine Schüler entfernten später diesen Stein und hielten ihn während der Kulturrevolution verborgen. Heute wird er im Shechen-Kloster aufbewahrt (siehe Foto unten).

Das Kloster beherbergte über zweihundert Mönche. Ihr Abt war Shechen Rabjam Rimpoche, ein anderer meiner hauptsächlichen Lehrer. Er war es, der die Mönche unterrichtete und ihnen die Initiationen gab. Er erteilte auch in anderen Klöstern Belehrungen und reiste dafür sogar bis nach Zentraltibet.

In Shechen gab es noch einen dritten großen Lama, Shechen Kongtrul Rimpoche. Er lebte auf der anderen Seite des Gebirgsflusses auf einer Hochebene, einem idyllischen Platz mit gelb blühenden Wiesen, umgeben von dichten Tannenwäldern, in denen schmackhafte Pilze wuchsen. Shechen Kongtrul war ein großer Meister der Meditation, und wie Shechen Gyaltsap kümmerte er sich nicht um die Verwaltung des Klosters, was Aufgabe von Shechen Rabjam war.

Eines Tages rief man uns zu Gyaltsap Rimpoches Einsiedelei. Als wir ankamen, eröffnete er uns, daß seine Unterweisungen noch am gleichen Tag beginnen würden und daß er als erstes die Initiation für die Vajrasattva-Praxis nach der Mindroling-Überlieferung geben werde. Während der nächsten Monate gab er uns alle wichtigsten Unterweisungen des Nyingma-Kanons, die Übermittlung von Mipham Rimpoches *Gesammelten Werken* und die *Vierteilige Herz-Essenz* von Longchen Rabjam. Nach den Unterweisungen ging ich oft Gyaltsap Rimpoche besuchen. Er liebte Kinder, und wie es schien, spielte und lachte er gerne mit ihnen. Er war immer freundlich und rücksichtsvoll, und während seines ganzen Lebens war er kaum einmal ärgerlich geworden. Lange Unterweisungen pflegte er manchmal dadurch aufzulockern, daß er Geschichten einflocht und mit den jungen Lamas scherzte.

Während der Initiationen, wenn er mit einer Geste zu mir hin die Natur des Geistes aufzeigte, war ich oft von der Erhabenheit seines Gesichtsausdrucks und seiner Augen überwältigt. Ich fühlte, daß nur mangelhafte Hingebung mich in meinem Lehrer einen gewöhnlichen Menschen sehen ließ, er in Wirklichkeit aber kein anderer als Guru Padmasambhava selbst war, der seinen fünfundzwanzig Schülern Initiationen erteilte. Mein Vertrauen in ihn wurde immer

*Shechen Gyaltsaps Fußabdruck im Stein*

stärker, und wenn er dann wiederum zu mir hinschaute, auf mich zeigte und fragte: »Was ist die Natur des Geistes?« dachte ich mit tiefer hingebender Verehrung: »Dies ist wirklich ein großer Yogi, der die absolute Natur der Wirklichkeit erkennt.« Ich begann nun zu verstehen, wie man meditiert.

Bei meinem nächsten Besuch in Shechen erhielt ich von Gyaltsap Rimpoche die Ordination als Novize. Ich hatte sie schon vorher von Khenpo Shenga erhalten, wollte sie aber unbedingt nochmals von Gyaltsap Rimpoche. Er sagte, es sei legitim, die Gelübde zweimal abzulegen, auch ein Stupa würde mit mehreren Goldschichten nur schöner werden.

*Der sechste Shechen Rabjam (1910–1959), Abt des Shechen-Klosters, dessen jetzige siebte Inkarnation Khyentse Rimpoches Enkelsohn ist*

Als Dzongsar Khyentse Chökyi Lodrö früher einmal mit Gyaltsap Rimpoche über mich sprach, hatte er gesagt: »Ich kenne dieses Kind von früher, ich bin überzeugt, daß es eine Inkarnation von Jamyang Khyentse Wangpo ist. Bitte achtet auf das Kind, und auch ich will alles tun, um ihm zu dienen. Insbesondere bitte ich Euch, ihm den *Schatz der Unterweisungen* zu übermitteln.« Dies war die Übermittlung, die Gyaltsap Rimpoche als nächstes geben wollte. Sie war nur für ernsthaft Praktizierende, und während dieser Zeit hatten nur jene Zugang zu ihm, die er für die Initiationen ausgewählt hatte. Das waren etwa zwanzig von uns, und zur Markierung der Klausurgrenze befestigte er ein Zeichen nahe der Tür. Der *Schatz der Unterweisungen* enthält Lehren aller acht Hauptschulen des tibetischen Buddhismus. Gyaltsap Rimpoches Stimme war nicht sehr laut, aber klar; ich konnte alles verstehen, was er uns lehrte. Und noch heute erinnere ich mich an alles. Er war mein eigentlicher Meister, denn er hat mich in die Natur des Geistes eingeführt.

Khyentse Chökyi Lodrö hatte Abschriften der Bücher, und ich wurde angewiesen, mit ihm zusammen den Texten zu folgen. Als Gyaltsap Rimpoche einmal krank war, gab Khyentse Chökyi Lodrö während dieser Zeit die Übermittlung anderer Texte. Gyaltsap Rimpoche blieb in seinem Raum, der durch ein Fenster mit unserem Tempelraum verbunden war. So konnte er alles verfolgen. Mein Platz war an diesem Fenster, und Gyaltsap Rimpoche hieß mich, beim Zuhören seine Kopie der Texte zu korrigieren. Es war wundervoll, ihn auf diese Weise jeden Tag zu sehen und mit ihm an den Büchern zu arbeiten. Manchmal forderte mich Khyentse Chökyi Lodrö auf, Gedichte zu schreiben. Obwohl ich noch sehr jung war, gelang mir das gut. Gyaltsap Rimpoche war sehr erfreut und sagte, ich würde einmal ein guter Autor werden.

Die Belehrungen dauerten insgesamt drei Monate. Am Ende hielten wir zwei Tage lang Danksagungszeremonien ab, dazu ein großes Festopfer mit Gyaltsap Rimpoche als Gesangsmeister – ein einzigartiges Ereignis.

Nach Ende der Belehrungen wurde ich von Gyaltsap Rimpoche als die Geist-Inkarnation von Jamyang Khyentse Wangpo inthronisiert. Dieser hat fünf Inkarnationen als Emanationen seines Körpers, seiner Rede, seines Geistes, seiner Qualitäten und seiner Aktivität. Khyentse Chökyi Lodrö war die Inkarnation seiner Aktivität.

Am Morgen der Inthronisierung kletterte ich zur Einsiedelei hinauf. Drinnen war ein großer Thron errichtet. Shechen Kongtrul, der damals noch sehr jung war, hielt Räucherstäbchen in der Hand, und Shechen Gyaltsap Rimpoche hatte seine besten Kleider an. Sie sagten mir, ich solle mich auf den Thron setzen. Es befanden sich nur ein paar Menschen im Raum. Sie sangen Verse, in denen die geheiligten Qualitäten der Zeit und des Ortes der Lehren, des Lehrers, dessen, was er lehrt, sowie jener, die die Lehren erhalten, beschrieben wurden. Gyaltsap Rimpoche führte die Zeremonie aus und gab mir kostbare Geschenke als Symbole für Körper, Rede, Geist, Qualitäten und Aktivität der Buddhas. Als Symbol für den Körper erhielt ich Abbildungen von Buddha Shakyamuni, die Mipham Rimpoche und Jamyang Khyentse Wangpo gehört hatten. Als Symbol für die Rede überreichte er mir zahlreiche Bände ihrer Schriften. Als Symbol für den Geist gab er mir *Vajra* und Glocke, die Mipham Rimpoche Zeit seines Lebens benutzt hatte. Als Symbol für die Qualitäten erhielt ich alle Dinge, die für eine Initiation nötig sind, und als Symbol für die Aktivität erhielt ich Mipham Rimpoches Siegel. Dann übergab er mir ein schriftliches Dokument mit folgendem Inhalt: »Heute übernehme ich den Sohn der Dilgo-Familie und anerkenne ihn als die Wiederverkörperung von Jamyang Khyentse Wangpo. Ich gebe ihm den Namen Gyurme Thekchog Tenpai Gyaltsen, ›Unwandelbares Siegesbanner des Höchsten Fahrzeugs‹. Ich vertraue ihm die Lehren der großen Meister der Vergangenheit an. Wenn ich nun sterbe, so ohne Bedauern.«

Dieses waren also die Zeitabschnitte, die ich im Verlauf von fünf Jahren mit Gyaltsap Rimpoche verbrachte. Ich lebte nie im Kloster, sondern im bergauf liegenden Klausurzentrum.

Ich kehrte dann nach Hause zurück und blieb ein Jahr lang in Klausur in einer Grotte, die Boyam Samphutri hieß. Ich bat den Gelehrten Khenpo Thubga, den Winter über zu kommen und mich im *Tantra der Geheimen Quintessenz* zu unterweisen. Er ging es dreimal mit mir durch, und ich lernte sowohl den Grundtext wie auch Longchenpas dreihundert Seiten langen Kommentar auswendig.

Einige Zeit danach ging ich nach Kyangma Ritrö, wo Khenpo Thubga lebte. Es gab dort weder ein Kloster noch Häuser, nur Zelte. Hier, ich war gerade fünfzehn Jahre, erfuhr ich aus einem Brief meines Vaters von Gyaltsap Rimpoches Tod. Für einen Augenblick setzte mein Geist aus. Dann überwältigte mich die Erinnerung an meinen Lehrer, und ich brach in Tränen aus. An diesem Tag hatte ich das Gefühl, als sei mir das Herz aus der Brust gerissen worden. Ich kehrte nach Denkhok zurück und fing eine Klausur in den Bergen an, die dreizehn Jahre dauern sollte.

*Dzongshö Deshek Düpa, der Klausurort des ersten Jamgön Kongtrul (1833–1899), auf halbem Weg zwischen Dzongsar und Kathog. In den Felswänden gibt es neun große Höhlen, in denen er und Jamyang Khyentse Wangpo viele »spirituelle Schätze« (siehe Seite 70) fanden. In seiner Einsiedelei stellte Jamgön Kongtrul die Sammlung der offenbarten Schätze zusammen, eine dreiundsechzigbändige Ausgabe spiritueller Schätze ab dem 11. Jahrhundert.*

(oben, von links nach rechts) *Manjushri, der Buddha der Weisheit, durchtrennt mit seinem Schwert die Wurzel der Unwissenheit. Die Khyentse-Inkarnationen gelten als Ausstrahlungen Manjushris.*

*Als Shakyamuni am Abend seiner Erleuchtung unter dem Bodhi-Baum sitzt, hebt der Dämon Mara – die Personifikation des Ego – zu seinem letzten Ansturm an. Zuerst schickt er ihm seine drei Töchter, damit sie ihn mit ihrer sinnlichen Schönheit verführen. Doch als sie sich ihm nähern, sehen sie plötzlich wie Greisinnen aus. Dann ruft Mara seine magischen Armeen zusammen, die wie ein Wirbelsturm über Shakyamuni herfallen, Beleidigungen schreien und Waffen gegen ihn schleudern. Hätte der künftige Buddha dabei einen einzigen ärgerlichen Gedanken empfunden, wäre er zu Staub zermalmt worden. Aber sein von Liebe und Mitgefühl durchtränktes Sein ließ aus ihren Waffen einen Blütenregen werden und aus der Flut von Beleidigungen einen Regen von Lobgesängen.*

*Während der Nacht vertieft sich Shakyamunis Meditation, und als der Morgenstern aufgeht, weiß er, daß er das höchste Ziel erreicht hat. Er ist nun der Buddha, der Erwachte.*

(links) *Ein paar kräftige Männer versuchen, einen riesigen Felsblock aus der Erde zu heben. Der Buddha sieht das und sagt zu ihnen: »Eure Bemühungen werden nichts nützen, und selbst wenn ihr es schaffen würdet, was hättet ihr damit gewonnen?« Während er dies sagt, hebt er den Felsen mit seiner Zehe hoch und nimmt ihn in die rechte Hand. Er bläst auf ihn, und der Felsblock löst sich in Staub auf. Ein starker Wind erhebt sich, und eine Stimme erschallt, die sagt: »Alles Zusammengesetzte ist vergänglich; so werden alle Illusionen zunichte. Die Phänomene haben keine wirkliche Existenz, Friede ist nur in Nirvana zu finden.«*

*Im* Sutra des Endgültigen Nirvana *steht, daß Buddha Shakyamuni kurz vor seinem Eintritt ins Nirvana prophezeite, er würde nach zwölf Jahren durch eine wundersame Geburt in diese Welt zurückkehren, um die tantrischen Lehren, die er in diesem Leben nicht gegeben hatte, zu verbreiten. Diese Wiedergeburt war Padmasambhava, der Lotosgeborene Guru, der sich aus dem Herz des Buddha Amitabha manifestierte und auf wundersame Weise als acht Jahre alter Knabe auf einem Lotos inmitten des Danakosha-Sees in Uddiyana erschien* (oben links). *Nachdem er bei den acht indischen Vidyadharas studiert hatte – zum Beispiel bei Humchenkara* (Mitte) *und Prabhahasti* (rechts), *der ihm auf dieser Abbildung in der Höhle Roter Felsen Garuda eine tantrische Ermächtigung gibt –, erlangte er die höchste Erleuchtung in der Asura-Höhle in Nepal. Auf Einladung des Königs von Tibet reiste er in das Schneeland, um dort den Buddhismus zu verbreiten. Unterwegs unterwarf er negative Kräfte und Geister, die ihn auf verschiedene Weise angriffen und ihn zwischen einstürzenden Bergen zu zerquetschen suchten. Aber Padmasambhava erhob sich in den Himmel* (links) *und hielt mit einer Geste seiner Hand die Gesteinsmassen fern.*

Im 8. Jahrhundert lud König Trisong Detsen (oben links) auf Rat des Abtes Shantarakshita (oben rechts) den als zweiten Buddha verehrten Padmasambhava ein (oben Mitte), in Samye das erste tibetische Kloster zu gründen (siehe Seite 126). Padmasambhava ließ gleichfalls das kanonisierte buddhistische Schrifttum von hundertacht tibetischen Übersetzern in Zusammenarbeit mit hundertacht indischen Gelehrten in die tibetische Sprache übersetzen. Er erteilte zahllose tantrische Ermächtigungen. Nachdem er eine spezielle Lehre gegeben hatte, ließ er sie oft von einem nahen Schüler, meist von der Dakini Yeshe Tsogyal (links), in einem Felsen, einem See oder einer Statue verbergen. Danach sagte er voraus, auf welche Weise dieser »spirituelle Schatz« in der Zukunft von einer Inkarnation eines seiner Schüler offenbart und zum Wohl der Wesen verkündet werden würde (siehe Seite 70).

Trotz einer Zeit heftiger Verfolgung (841–846) durch den König Langdarma blühte der Buddhismus in Tibet auf. Im 11. Jahrhundert gab es eine neue Welle von Übersetzungen von Texten aus Indien. Als Folge des Erscheinens großer Gelehrter und Heiliger entstanden verschiedene philosophische Schulrichtungen, von denen die bedeutendsten die »acht großen Fahrzeuge der spirituellen Vervollkommnung« sind. Aus diesen bildeten sich vier Haupttraditionen heraus, nämlich Nyingma, Kagyu, Sakya und Gelug, die bis heute das reiche kontemplative und philosophische Erbe Tibets bewahren.

Ein Kristall nimmt die jeweilige Farbe des Stoffes an, auf den er gestellt wird. In ähnlicher Weise bedeutet es für Ihr Leben und Ihre spirituelle Praxis einen enormen Unterschied, ob der Einfluß der Menschen, mit denen Sie Ihre Zeit verbringen, positiv oder negativ ist.

Das Zusammensein mit echten spirituellen Freunden wird Sie mit Liebe zu allen Wesen erfüllen und Sie erkennen lassen, wie nachteilig Begierde und Haß sind. In Gegenwart solcher Freunde zu sein und ihrem Beispiel zu folgen wird deren gute Eigenschaften ganz von allein auf Sie abfärben lassen, so wie Vögel, die um einen goldenen Berg fliegen, alle in sein goldenes Licht getaucht sind.

Um sich aus Samsara, dem verhängnisvollen Kreislauf des Leidens, befreien zu können und die Allwissenheit der Erleuchtung zu erreichen, müssen Sie sich auf einen authentischen Lehrer verlassen. Solch ein Lehrer denkt, spricht und handelt stets in vollkommenem Einklang mit dem Dharma. Er zeigt Ihnen, was zu tun ist, um Fortschritte auf dem Weg zu machen, und welche Hindernisse zu vermeiden sind. Ein authentischer spiritueller Lehrer ist wie das Segel, mit dessen Hilfe ein Boot das Meer rasch überqueren kann.

Wenn Sie auf ihn hören, finden Sie den Weg, der aus Samsara herausführt, ohne Mühe. Aus diesem Grund gilt der Lehrer als so kostbar. Erleuchtung kann man nicht dadurch erlangen, daß man einfach seinen eigenen Vorstellungen folgt. Jede einzelne Stufe Ihrer Praxis, ob auf Sutra oder Tantra basierend, erfordert Erklärung von Seiten eines geeigneten Lehrers.

Alle Buddhas der drei Zeiten – Vergangenheit, Gegenwart und Zukunft – erlangen dadurch Erleuchtung, daß sie einem spirituellen Lehrer folgen.

Buddhas Lehre ist von immensem Umfang, ihre Übermittlungen sind vielfältig, ihre Themen unerschöpflich. Ohne die Kernunterweisungen eines Lehrers würde es uns nie gelingen, all diese Lehren im Kern zusammenzufassen und sie in der Praxis anzuwenden.

Der Lehrer scheint uns zwar wie ein gewöhnlicher Mensch, und er scheint sich auch wie ein solcher zu verhalten, doch in Wirklichkeit unterscheidet sich sein Geist nicht von Buddhas Geist. Der einzige Unterschied liegt in der Güte, die der Lehrer uns beweist. Sie übertrifft die aller Buddhas der Vergangenheit, die Sie nicht von Angesicht zu Angesicht sehen noch ihre Belehrungen hören können. Ihr spiritueller Lehrer aber kam zu Ihrer Zeit in diese Welt. Ihn können Sie aufsuchen, und von ihm können Sie die Unterweisungen erhalten, die Sie aus dem Sumpf von Samsara zur Erleuchtung führen.

*Khyentse Rimpoche*

# Die spirituelle Praxis

*Der Berg Bahla, der das Tal von Denkhok beherrscht. Am Fuß der weißen Felswände befindet sich eine Höhle, in der Khyentse Rimpoche, vom Schnee eingeschlossen, einen ganzen Winter in Einsamkeit verbrachte.*

Shechen Gyaltsap hatte dem jungen Khyentse Rimpoche viele Unterweisungen gegeben und ihn in die wahre Natur seines Geistes eingeführt. Khyentse Rimpoche hatte seinem geliebten Meister versprochen, seinerseits gegenüber allen, die von ihm unterwiesen werden wollten, die gleiche rückhaltlose Großzügigkeit zu beweisen. Um sich auf diese Aufgabe vorzubereiten – er war erst fünfzehn, als Shechen Gyaltsap starb –, verbrachte er einen Großteil der nächsten dreizehn Jahre schweigend in Klausur. In entlegenen Einsiedeleien und Höhlen in den Wäldern um seinen Geburtsort im Tal von Denkhok meditierte er über Liebe, Mitgefühl und den Wunsch, allen Lebewesen zur Befreiung und Erleuchtung zu verhelfen. Über seine Jahre in Klausur erzählt Khyentse Rimpoche:

Ich praktizierte von der frühen Morgendämmerung an bis mittags und von nachmittags bis spät in die Nacht. Über Mittag las ich laut aus meinen Büchern, um sie auswendig zu lernen. Ich blieb sieben Jahre in einer Höhle bei der Felseinsiedelei, drei Jahre im Weißen Hain (siehe Seite 15), und einige Monate hier und dort in anderen Höhlen und Hütten, umgeben von dichten Wäldern und schneebedeckten Bergen.

Unweit der Padampa-Höhlen (siehe Seite 14) stand eine Hütte, in der mein Bruder Shedrup und zwei Gehilfen das Essen zubereiteten. Meine Höhle hatte keine Tür, und oft schnüffelten kleine Bären unten am Eingang herum. Aber die Leiter ins Höhleninnere überwanden sie nie. In den Wäldern lebten Füchse und alle Arten von Vögeln. Es gab auch Leoparden. Sie rissen einen kleinen Hund, den ich bei mir hatte. Ein Kuckuck war mein Wecker. Wenn er gegen drei Uhr rief, fing ich meine Meditationssitzung an. Um fünf Uhr machte ich mir Tee, und bis mittags war ich dann ungestört und brauchte niemanden zu sehen. Abends ließ ich das Feuer herunterbrennen, so daß ich am nächsten Morgen nur die restliche Glut neu anzufachen brauchte. Ich konnte alles von meinem Sitz aus tun, indem ich mich einfach nach vorn oder zur Seite beugte. Ich hatte sehr viele Bücher bei mir. Die Höhle war zwar etwas feucht, aber ziemlich geräumig, so daß ich aufrecht darin stehen konnte. Wie alle Höhlen war sie im Sommer kühl und hielt im Winter die Wärme.

In der Höhle der Felseinsiedelei blieb ich sieben Jahre, ohne meine Klausur zu unterbrechen. Ich war siebzehn Jahre, als ich die Klausur begann. Von Zeit zu Zeit kamen mich meine Eltern besuchen. Ich saß die ganze Zeit über in einer Holzkiste und streckte nur gelegentlich meine Beine aus. Mein älterer Bruder Shedrup war mein Klausur-Lehrer, und er sagte mir, wenn ich nicht ab und zu draußen spazierengehe, könnte das ein schlimmes Ende nehmen. Ich verspürte aber nicht das leiseste Bedürfnis, nach draußen zu gehen. Shedrup praktizierte ebenfalls in einer Hütte in der Nähe, aber in nicht so strenger Klausur. Er hatte einen Gehilfen, der sich ab und zu auf den dreistündigen Ritt zu uns nach Hause machte, um Proviant zu holen. Als ich 1985 nach Kham zurückkehrte, traf ich den Gehilfen dort wieder.

Viele kleine Vögel wagten sich in meine Höhle. Wenn ich ihnen auf dem Finger ein Stück Butter hinhielt, kamen sie, um sie aufzupicken. Ich hatte auch zwei Mäuse als Mitbewohner. Ich fütterte sie mit Gerstenmehl, und sie rannten auf meinen Knien herum. Die Opfergaben, die ich draußen hinlegte, wurden von Krähen weggetragen.

Fünf oder sechs Jahre lang aß ich kein Fleisch. Drei Jahre lang sprach ich kein einziges Wort. Mittags, nach dem Essen, entspannte ich mich ein wenig und studierte in meinen Büchern. Ich verschwendete nie meine Zeit mit Nichtstun. Mein Bruder Shedrup forderte mich öfters auf, Gebete, spirituelle Lieder und Gedichte zu schreiben, damit ich darin Übung bekäme. Das Schreiben fiel mir leicht, und am Ende dieser Zeit hatte ich an die tausend Seiten geschrieben, die alle verlorengingen, als wir aus Tibet fliehen mußten.

Die Höhle vermittelte eine Atmosphäre der Klarheit, und ich wurde durch nichts abgelenkt. Ich ließ mein Haar wachsen. Als ich die »Innere Hitze« praktizierte, wurde mir sehr warm, und ich trug jahrelang, Tag und Nacht, trotz des sehr kalten

Klimas nur einen weißen Schal und ein Gewand aus Rohseide. Ich saß auf einem Bärenfell. Draußen war alles steifgefroren, innen aber in der Höhle war es warm.

Später zog ich in den Weißen Hain. Hier baute ich mir eine kleine Holzhütte mit einem schmalen Fenster. Oft hechelten Wölfe um die Hütte und rieben sich an ihren Ecken den Rücken. Es gab viel Wild und Blauschafe, gelegentlich sah ich Leoparden. Einmal im Monat kam meine Mutter mich besuchen und blieb für eine Stunde, um sich mit mir zu unterhalten.

Während dieser Zeit wurde Khyentse Rimpoche ernstlich krank. Khyentse Chökyi Lodrö und einige andere Lamas gelangten zu der Überzeugung, daß es für ihn an der Zeit sei, sich eine Gefährtin zu nehmen, auf die er als *Tertön* oder Entdecker spiritueller Schätze (das heißt von Texten, die von Padmasambhava verborgen worden waren, um in einer späteren Zukunft von ganz bestimmten Personen offenbart zu werden) angewiesen war. Er verheiratete sich also mit Lhamo, einem einfachen Bauernmädchen. Von da an besserte sich sein Gesundheitszustand, er hatte viele tiefe Visionen und offenbarte verschiedene Geist-Schätze. Seine Frau, Khandro Lhamo, erinnert sich an diese Zeit:

Ich lebte zu Hause bei meiner Mutter. Eines Tages, als ich von ihr zur Arbeit auf die Felder geschickt wurde, begegnete ich unterwegs mehreren Lamas, die mir sagten, sie seien gekommen, um mich mitzunehmen. Ich erwiderte, ich hätte keine Zeit, meine Mutter hätte mir aufgetragen, auf dem Feld zu arbeiten. Darauf erklärten sie, ich müsse sie zu dem Ort begleiten, wo Khyentse Rimpoche in Klausur lebe. Heute haben die Chinesen alle Bäume gefällt, damals aber bedeutete dies, einen unwegsamen Wald zu durchqueren, und ich hatte große Angst vor den wilden Tieren.

Rimpoches Einsiedelei war eine winzige Holzhütte. Nebenan lebte sein Bruder Apo Shedrup. Ich hatte ein eigenes kleines Häuschen. Die Küche befand sich bergabwärts in einer offenen Höhle. Mit den beiden Gehilfen waren wir fünf.

Rimpoche war sehr krank. Sein Gesicht war ganz dunkel. Ich war bestürzt und dachte, er würde sterben. Nach meiner Ankunft schien sich sein Zustand zu bessern. Eines Tages stand er in seinem weißen Gewand vor seiner Hütte und lud mich ein, mit ihm zusammen zu essen.

Als ich ankam, um mit Rimpoche zu leben, hatten ihm Khyentse Chökyi Lodrö und andere Lamas gesagt, er müsse heiraten, um sein Leben zu verlängern, wenn nicht, würde er sterben. In manchen Texten war vorhergesagt worden, daß Rimpoche mich heiraten solle, damit sein Wirken für den Dharma weitreichend werde. Eine der Prophezeiungen, von denen ich hörte, lautete ungefähr so:

Der junge Yogi mit einem A auf der Stirn,
aus dem tugendreichen Geschlecht der Sakar,
sollte das Mädchen, geboren im Holz-Tiger-Jahr,
zur Frau nehmen,
um sein Leben zu verlängern.

Rimpoche selbst schien nicht das geringste Interesse zu haben, sich zu verheiraten. Er sagte, es mache ihm nichts aus, ob er sterbe oder nicht. Er würde es nur tun, weil seine Lehrer ihn so geheißen hätten. Später schalt ich Apo Shedrup und die anderen Lamas aus, daß sie mir nicht gleich gesagt hätten, ich solle Rimpoches Gefährtin werden. Ich hätte mich dann zumindest vorbereiten und etwas Nettes anziehen können, statt der zerknitterten alten Arbeitskleider, in denen sie mich hierher gebracht hatten. Aber sie lachten nur und meinten, sie hätten mir das absichtlich verschwiegen, aus Angst, ich könnte es mir anders überlegen.

Rimpoches Hütte war äußerst einfach. Die Wände waren mit Lehm verkleistert, und er hatte eine Holzkiste, in der er saß. Er fragte ständig nach Büchern, die ich ihm zu reichen und zurückzulegen pflegte. Es gab soviel Bücher, daß der Platz in der Hütte dafür nicht ausreichte und sie anderswo untergebracht werden mußten. Der Stoff, in den die Bücher eingewickelt waren, war ursprünglich weiß gewesen, doch durch die häufige Benutzung hatte er sich mit der Zeit braun gefärbt. Weil die Hütte so eng und so voller Bücher war, stand der Altar draußen auf einer kleinen Veranda. Ich hatte viele Blumen in Töpfe gepflanzt und drumherum aufgestellt. Rimpoche mochte das sehr.

Am Ufer des Flusses unterhalb der Einsiedelei hatte Rimpoche einen Fußabdruck im Felsgestein hinterlassen. Einer der beiden Gehilfen, die hier vorbeikamen, wenn sie Milch, Quark und Butter von den Hirten holten, hatte ihn entdeckt. Er war sich sicher, daß der Abdruck, bevor Rimpoche in Klausur ging, noch nicht dagewesen war. Pema Shepa hat später einen anderen Fußabdruck von Rimpoche entdeckt, den er während einer Pilgerreise mit Khyentse Chökyi Lodrö hinterlassen hat. Die Stiefel, die Rimpoche damals anhatte, waren von mir selbst geflickt worden. Ich wußte nämlich nicht, wie man neue Stiefel anfertigt. Die Flicken in der Sohle waren im Fußabdruck deutlich zu erkennen. Auch Goka hat dies gesehen und uns davon erzählt, aber Rimpoche stritt ab, daß er es war.

Nachts, wenn ich ins Freie ging, um mich zu erleichtern, sah es so aus, als ob ein Feuer unter dem mächtigen Baum glühte, der vor Rimpoches Hütte stand. Ich erzählte Apo Shedrup einmal davon, aber er sagte nichts dazu. Manchmal schienen überall kleine Feuer zu brennen, und manchmal schien Feuer in der Hütte zu sein. Schließlich fragte ich Rimpoche. Er sagte, das wäre der Beschützer Rahula und ich sollte nicht zu nah hingehen.

Rimpoche legte sich niemals zum Schlafen hin. Nachts schlief er im Sitzen in seiner Holzkiste. Nach dem Abendessen fing er seine Meditationssitzung an, und bis zum Mittagessen des folgenden Tages sprach er kein Wort. Mittags rief mich dann sein Bruder, und wir aßen alle zusammen und unterhielten uns ein bißchen. Unmittelbar danach begann Rimpoche eine neue Meditationssitzung, die bis zum Abend dauerte.

Im Weißen Hain, wo Rimpoche drei Jahre in Klausur verbrachte, erhielt er auch die Übermittlung des *Tripitaka*, der hundertdrei Bände des buddhistischen Kanons. Das war, nachdem unsere Tochter Chimé zur Welt gekommen war. Da Rimpoches Raum zu klein war, wurde für den Lama, der die Texte las, draußen auf der Veranda

*von Amitayus, dem Buddha des ewigen Lebens, wie es Khyentse Rimpoche erschien:*

*Einmal stand ich am Ufer eines heiligen Sees unterhalb der Schneegipfel von Ri Gangkar und betete für das lange Leben meines Meisters Khyentse Chökyi Lodrö. Als ich die Amitayus gewidmeten Festgaben opferte, erschienen die Umrisse des Mandalas auf der Wasserfläche. Der Text der Lotosessenz des Lebens erschien in meinem Geist, und ich schrieb ihn nieder.*

*Mandalas sind Meditationsobjekte, die unsere gewöhnliche Wahrnehmung der Welt läutern und transformieren. Sie lassen uns die ursprüngliche Reinheit und Vollkommenheit in allen Phänomenen wahrnehmen und führen uns zu der Erkenntnis, daß die Buddha-Natur in allen Wesen vorhanden ist.*

*Wir visualisieren uns selbst als die zentrale Gottheit, und zwar nicht als »Gott«, sondern als Manifestation unserer eigenen reinen Natur.*

*Der Palast, in dem die Gottheit weilt, besteht aus verschiedenen Edelsteinen, die Buddhas Weisheit, Mitgefühl und Aktivitäten symbolisieren und als Formen und Farben erscheinen, um die Wünsche der Wesen zu erfüllen. Seine viereckige Form weist darauf hin, daß die absolute Natur ohne Deformation ist. Seine vier Tore symbolisieren die Vier Grenzenlosen, nämlich Liebe, Mitgefühl, Freude und Unparteilichkeit. Die fünf verschiedenen Farben seiner Wände symbolisieren die fünf Weisheiten, die die geläuterten fünf Gifte sind (Unwissenheit, Haß, Gier, Hochmut, Eifersucht). Aus Licht gemacht, hat der Palast weder eine Außen- noch eine Innenseite, was darauf hinweisen soll, daß alle Phänomene die Entfaltung der ursprünglichen Weisheit sind. Das das Mandala umgebende Feuer besagt, daß die*

ein Sitz hergerichtet; er las durch das Fenster vor. Nur Rimpoche, seine Mutter, sein Bruder Shedrup und ich erhielten die Übermittlung; weil Rimpoche in Klausur war, kam nämlich niemand sonst hierher.

Auch nach seiner Klausur blieb Rimpoche in seiner Einsiedelei und hielt sich nur gelegentlich für ein, zwei Wochen im Haus seiner Familie auf.

Ein Verwandter von Rimpoche war ein leidenschaftlicher Jäger; er hatte ein Gewehr, das für seine Präzision bekannt war. Eines Tages war Rimpoche dort zu Besuch, und die Mutter des Neffen, Rimpoches Schwester, bat ihn: »Dieses Gewehr hat so viele Tiere getötet. Ich bitte Euch, segnet es.« Darauf setzte Rimpoche das Gewehr an die Lippen und blies in den Lauf. Es wurde nie wieder ein Schuß daraus abgegeben. Wenn Rimpoche später von einem der wohlhabenden Nomaden, die so gerne auf die Jagd gingen, eingeladen wurde, versteckten vorher alle ihre Gewehre.

Rimpoche hatte einen Verwandten namens Apo Jamtse, dem eine große Bulldogge gehörte, die wilderte und die Gänse und Schafe der armen Leute in der Umgebung riß. Niemand wagte, den Hund der mächtigen Dilgos zu bestrafen. Als Rimpoche der Familie von Apo Jamtse einen Besuch abstattete, fragte ihn seine Tante Ashi Kaga, was sie tun könne, damit der Hund nicht mehr wildert. Rimpoche aß gerade einen Knödel aus gerösteter Gerste. Er blies darauf und warf ihn dem Hund hin. Der Hund fraß ihn und fiel zur Freude der ganzen Umgebung von da an nie wieder andere Tiere an.

Ein Meister namens Drungnam Gyatrul tauschte mit Khyentse Rimpoche viele Lehren aus. Drungnam Gyatrul verbrachte sein ganzes Leben in Ngoma Nangsum, einer Grotte in einem Fels, der die Form eines *Vajra* hatte und von Wiesen umgeben war. Er schlief fast nie. Fünfhundert Schüler von ihm lebten in benachbarten Höhlen und rezitierten das Mantra von Guru Padmasambhava. Wir hatten unser Zelt in der Nähe, und Rimpoche hielt sich den ganzen Tag in der Höhle auf und erhielt von Gyatrul Rimpoche Belehrungen. Gyatrul Rimpoche und ich waren die einzigen, die ihn während eines Monats zu Gesicht bekamen.

Unsere zweite Tochter war ein besonderes Kind. Ich brachte sie in einem Zelt auf einer Waldlichtung oberhalb der Felseinsiedelei zur Welt. Es war dunkel, als sie geboren wurde, aber kurz danach schien ein Licht, hell wie der Tag. Ich fragte mich, was das für ein Licht sein könnte. Es regnete stark, und das Licht blieb bis zum frühen Morgen. Als Rimpoche davon hörte, schenkte er dem keine besondere Aufmerksamkeit. Der Geist des Mädchens war außergewöhnlich. Sie war so gutherzig, sie verehrte die buddhistischen Lehren und praktizierte mit großer Hingabe. Alle Diener liebten sie. Sie starb in Indien, kurz nach unserer Flucht aus Tibet.

Nachdem Khyentse Rimpoche seine Klausur mit achtundzwanzig Jahren abgeschlossen hatte, verbrachte er viele Jahre mit Dzongsar Khyentse Chökyi Lodrö (1896–1959), der wie er selbst eine Inkarnation des ersten Khyentse war. Khyentse Rimpoche betrachtete ihn als seinen zweiten Meister und verehrte ihn sehr. Nachdem er von Chökyi Lodrö die sechs Monate dauernden Ermächtigungen der *Sammlung der offenbarten Schätze* erhalten hatte, teilte er ihm mit, daß es sein Wunsch sei, den Rest seines Lebens in einsamer Meditation zu verbringen. Aber Khyentse Chökyi Lodrö war unnachgiebig. »Dein Geist und meiner sind eins«, sagte er, »für dich ist die Zeit gekommen, zu lehren und anderen die unzähligen kostbaren Lehren weiterzugeben, die du erhalten hast.« Und so arbeitete Khyentse Rimpoche von da an für das Wohl aller lebenden Wesen – ohne Unterlaß und mit jener unermüdlichen Energie, die das Merkmal der Khyentse-Linie ist. Über diese Zeit, die er in Dzongsar verbrachte, berichtet Khyentse Rimpoche:

Als ich das erste Mal dort ankam, erzählte mir Khyentse Chökyi Lodrö Rimpoche, daß er die Nacht zuvor geträumt hätte, den ersten Khyentse, Jamyang Khyentse Wangpo, zu treffen. »Es ist ein glückverheißendes Zeichen, daß du heute gekommen bist«, sagte er.

Bei meinem ersten Besuch in Dzongsar blieb ich nur zwei Monate. Dann war ich jeden Sommer dort und kehrte nur für den Winter nach Denkhok zurück, oder ich suchte andere Orte auf, um Lehren von anderen Lamas zu erhalten.

Die Rückkehr nach Dzongsar war für mich immer ein großes Ereignis, dem ich mit Ungeduld entgegensah. Ich wurde stets in den Räumen von Khyentse Chökyi Lodrö untergebracht. Wir aßen meist zusammen und konnten so miteinander sprechen. Wenn er Besuch hatte, ging ich in das Zimmer nebenan und praktizierte, bis wir unser Gespräch wieder aufnehmen konnten. Während die meisten einfachen Dzongsar-Mönche ihre Verpflichtungen eher als Routineaufgaben betrachteten und ihr Studium und die Praxis ohne viel Begeisterung angingen, verfolgten die Mönche des Klosterkollegs ihre Studien mit großem Eifer. Sie hatten ungehinderten Zugang zu Chökyi Lodrö, dem das Zusammensein mit ihnen viel Freude machte. Nur wenn ich da war, beklagten sie sich, daß er dann keine Zeit mehr für sie hätte.

Beim Abschied begleitete er mich bis zur Tür. Er ließ mich nur ungern gehen, und oft sah ich Tränen in seinen Augen.

Auch Khyentse Chökyi Lodrö war ein Entdecker von verborgenen Schätzen. Einmal sagte er zu mir: »Du mußt viele Schätze entdecken, mit denen du anderen nützen kannst. Letzte Nacht hatte ich einen Traum. Ich sah Wolken in Form der acht Glückszeichen und viele Buddhas und Bodhisattvas am Himmel. Aus diesen Wolken regnete eine Fülle von Nektar zum Wohl der Wesen. Du mußt deine Schatz-Lehren verbreiten.«

Auf den Rat von Khyentse Chökyi Lodrö ging Khyentse Rimpoche in die Provinz Amdo, um den *Schatz der Wiederentdeckten Lehren* zu lehren. Über diese Reise berichtet Rimpoches Frau:

Rimpoche reiste nach Rekong in der Nähe des Kokonor-Sees in Amdo. An einem sehr kalten Tag luden ihn einige Nomaden in ihr Zelt ein und schenkten ihm und seiner Begleitung große Mengen von Butter, getrocknetem Fleisch und süßem Käse für die Reise. Rimpoche ermahnte einen Gehilfen, gut auf die Pferde aufzupassen – was ungewöhnlich war. Als Rimpoche aufbrechen wollte,

*Khyentse Rimpoche mit den Yogis von Rekong, in der Provinz Amdo, Mitte der fünfziger Jahre. Die Yogis tragen ihr meterlanges verfilztes Haar um den Kopf gewunden. Links von Khyentse Rimpoche sitzen seine beiden Töchter.*

stürzte der Gehilfe mit der Nachricht ins Zelt, daß die Pferde verschwunden seien. Er hatte sie eine Weile unbeaufsichtigt gelassen, und sie waren gestohlen worden. Glücklicherweise besaßen die Nomaden viele Yaks und konnten Rimpoche ein paar geben; er erreichte Rekong nach einem Monat. Dort gab Rimpoche vier Monate lang eintausendneunhundert Yogis die Ermächtigungen für den *Schatz der Wiederentdeckten Lehren*. Als Rimpoches Gastgeber von dem Pferdediebstahl hörten, waren sie sehr bestürzt und aufgebracht. Aber Rimpoche sagte ihnen, er sei sicher angekommen, und deshalb hätte die Sache keine Bedeutung mehr. Doch einige Rekong-Yogis, die für ihre magischen Fähigkeiten berühmt waren, sagten, sie könnten das nicht einfach auf sich beruhen lassen. Nach zwei Wochen kamen die Diebe mit allen gestohlenen Pferden an und baten Rimpoche, sie zurückzunehmen. Er erwiderte, daß er die Pferde jetzt nicht mehr brauche, sie könnten sie behalten. Aber die Diebe wollten davon nichts wissen. Sie erzählten, seit dem Diebstahl wäre ihnen alles schiefgegangen: Beim Melken ihrer Kühe käme keine Milch, sondern Blut; ein Junge wurde von Geiern angefallen, was es noch nie gegeben hatte, und viele Angehörige ihres Clans seien erkrankt. Schließlich ließen sie die Pferde einfach vor dem Kloster stehen und zogen davon.

Rimpoche blieb ein Jahr im Rekong-Kloster und gab seine Unterweisungen auf einer einzigartig schönen Bergkuppe, wo Shabkar Tsogdruk Rangdrol, der berühmte Yogi aus dem 19. Jahrhundert, gelebt hatte. Es gab dort einen großen Felsen mit einem Baum dahinter; hier hatte Shabkar gesessen und seine bekannten spirituellen Lieder gesungen. Die Menschen der Gegend boten Rimpoche diesen Platz an, und als er dort Gesänge improvisierte, erschien ein Regenbogen, und Schneeflocken fielen sanft wie Blütenblätter zur Erde. Jedermann sagte, er müsse eine Reinkarnation von Shabkar sein.

Rimpoche hatte einen Gehilfen, einen Ritual-Meister namens Achog, den er öfters tadeln mußte. Eines Abends lief Achog davon. Er ließ ein Stück Stoff als Opfergabe zurück und einen Brief, in dem er sagte, er fühle sich unfähig, Rimpoche auf die rechte Weise zu dienen, und deshalb habe er sich entschlossen zu gehen. Nach einem Monat Fußmarsch kam er zu einem Nomadenlager in Golok. In einem der schwarzen Yakhaarzelte lebte eine Mutter mit ihrer Tochter; diese wollten ihm Unterkunft und Essen geben, wenn er Zeremonien für sie hielt. Es war eiskalt; er wußte nicht wohin, und so willigte er ein. Aber er wurde ziemlich krank.

Eines Tages rief die Mutter Achog zu, ein Fremder, ein großer Lama auf einem großen Pferd, käme auf das Zelt zugeritten. Achog schaute heraus und sah Rimpoche mit einem Gehilfen geradewegs auf sich zukommen. Rimpoche stieg vom Pferd, kam herein und fragte: »Achog, wie geht es dir?« Achog war so überrascht, daß er in Tränen ausbrach. Rimpoche tröstete ihn, es gäbe keinen Grund zu weinen und er solle besser mit ihm zurückkehren. Die Mutter bot Rimpoche Tee, Milch und Käse an. Rimpoches Gehilfe erzählte, daß ihnen niemand gesagt hätte, wo Achog zu finden sei; auch hätten sie in der schneebedeckten Landschaft niemanden getroffen, der ihnen die Richtung zu dem Nomadenlager hätte zeigen können. Rimpoche sagte, es wäre Zeit zu gehen, und alle drei kehrten gemeinsam zurück. Damals sagten die Leute, Rimpoche wäre unglaublich hellsichtig.

Um zur unerschaffenen Natur unseres Geistes zu gelangen, müssen wir zur Quelle zurückgehen und den Ursprung unserer Gedanken erkennen. Sonst entsteht aus dem ersten Gedanken ein zweiter, aus dem zweiten ein dritter und so fort. Ständig werden wir von Erinnerungen an die Vergangenheit überfallen oder von erwartungsvollen Gedanken an die Zukunft davongetragen und verlieren auf diese Weise das Gewahrsein der Gegenwart.

Es ist unser eigener Geist, der uns auf den Irrweg des Daseinskreislaufs führt. Blind für die wahre Natur des Geistes, halten wir an unseren Gedanken fest, die nichts als die Manifestationen dieser wahren Natur sind. Dadurch friert das Gewahrsein zu starren Vorstellungen ein, wie »Ich – die anderen«, »begehrenswert – abstoßend« und vieles mehr. Auf diese Weise erschaffen wir Samsara.

Wenn wir aber, anstatt unsere Gedanken zu verfestigen, ihre Leerheit erkennen, wird durch jeden Gedanken, der im Geist auftaucht und vergeht, die Verwirklichung der Leerheit klarer.

Im Winter läßt die Kälte Seen und Flüsse zu Eis erstarren, das Wasser wird so fest, daß es Menschen und Tiere tragen kann. Das Nahen des Frühlings wärmt Erde und Wasser und taut sie auf. Was bleibt von der Härte des Eises? Wasser ist weich und flüssig, Eis ist hart und scharf; wir können nicht sagen, beides sei identisch. Wir können aber auch nicht sagen, es sei verschieden, denn das Eis ist verfestigtes Wasser und das Wasser geschmolzenes Eis.

Das gleiche gilt für unsere Wahrnehmung der Welt. Der Glaube an eine Realität der Phänomene, das Zerrissensein zwischen Attraktion und Aversion, von Gewinn und Verlust, Ruhm und Bedeutungslosigkeit, Lob und Kritik, dies alles führt zu einer Erstarrung unseres Geistes. Wir müssen also das Eis unserer Begriffe zum Wasser der inneren Freiheit auftauen lassen.

Alle Phänomene des Samsara und Nirvana treten nach Art eines Regenbogens in Erscheinung, und wie ein Regenbogen sind sie ohne greifbare Existenz. Wenn Sie einmal die wahre Natur der Realität erkannt haben, die leer ist und gleichzeitig als Welt der Phänomene auftritt, wird Ihr Geist nicht mehr unter der Herrschaft der Täuschung verharren. Wenn Sie Ihren Gedanken die Freiheit lassen, sich beim Hochkommen aufzulösen, werden sie Ihren Geist durchqueren wie Vögel den Himmel – ohne Spuren zu hinterlassen.

Bewahren Sie diesen Zustand der Einfachheit. Wenn Sie Glück, Erfolg, Wohlstand und andere günstige Bedingungen erleben, betrachten Sie sie als Traum und Illusion, hängen Sie nicht daran. Wenn Sie mit Krankheit geschlagen sind, mit Verleumdung, Armut und Verlust, lassen Sie sich dadurch nicht entmutigen. Verstärken Sie Ihr Mitgefühl und wünschen Sie sich, daß durch Ihre Leiden das aller anderen Wesen getilgt wird. Was immer auch eintritt, verfallen Sie nicht in Übermut oder Depression. Bleiben Sie frei und unbekümmert und in durch nichts zu erschütternder Gelassenheit.

*Khyentse Rimpoche*

# Der Zyklus der Veränderungen

Ein schönes Heimatland ist illusorischer Schein,
daran zu hängen sinnlos.
Solange die innere Streitmacht der negativen
Emotionen nicht bezwungen ist,
nimmt der Streit mit äußeren Feinden nie ein Ende.
*Khyentse Rimpoche*

Ende der fünfziger Jahre wandelte sich die schleichende chinesische Infiltration des vergangenen Jahrzehnts zur massiven militärischen Invasion – insbesondere in Kham, im Osten Tibets. Als eine offizielle Abordnung der chinesischen Regierung nach Denkhok kam, um herauszufinden, wo sich Khyentse Rimpoche aufhielt, sandte ihm seine Frau eine Geheimbotschaft zu. Sie drängte ihn, unverzüglich von Khampagar, dem Kloster, in dem er sich gerade aufhielt, nach Lhasa zu gehen. Nachdem sie selbst nur knapp den allgegenwärtigen Chinesen entkommen war, reisten beide in größter Eile nach Lhasa, alles hinter sich zurücklassend, einschließlich Rimpoches kostbarer Bücher und der meisten seiner Schriften. Die übrigen Familienmitglieder fanden sich ebenfalls in Lhasa ein, und alle zusammen machten sich von dort zu einer Pilgerfahrt nach Zentraltibet auf. Anschließend rezitierte Khyentse Rimpoche sechs Monate lang vor der berühmten gekrönten Buddhastatue in Lhasa einhunderttausendmal das Mandala-Opfer des Universums. Da zu dieser Zeit eine Epidemie in Lhasa wütete, hielt er für die Kranken und Sterbenden Zeremonien ab, ungeachtet der Angst seiner Familie, daß er sich anstecken könnte. Seine Mutter und sein älterer Bruder Shedrup fielen der Epidemie zum Opfer.

*Khyentse Rimpoche in Kalimpong, Indien, kurz nach der Flucht aus Tibet, 1959*

Unterdessen hatten die Chinesen den Besitz der Dilgos in Kham beschlagnahmt. Rimpoches Frau Khandro Lhamo erinnert sich:

Eines Tages kamen in Lhasa chinesische Funktionäre zu mir und erkundigten sich: »Verehrte Gefährtin, was tun Sie?« Ich sagte, daß ich gerade hier sitzen würde, und bot ihnen ein paar Früchte an. Sie fragten dann, wo meine Töchter wären, und ich antwortete ihnen, daß sie gerade Niederwerfungen im Haupttempel von Lhasa machten. Nun wollten sie wissen, ob ich mein Heim vermissen würde und ob Rimpoche und ich vorhätten, zurückzukehren. Ja, sagte ich, wir vermißten unser Heim und würden gern bald dorthin zurückgehen. Dann fragten sie, weshalb wir nach Zentraltibet gegangen seien und ob sich in Kham, als wir von dort fortgingen, der Kommunismus bereits ausgebreitet habe. Ich erwiderte, wir wären zu einer Pilgerfahrt hierher gekommen, und das Wort Kommunismus hätte ich noch nie gehört. Die Chinesen, die auf dem Tisch rote und weiße Süßigkeiten liegen sahen, fragten nun, ob es bei uns Brauch sei, rote und weiße Süßigkeiten zu essen. Als ich bejahte, erklärten sie mir, der Kommunismus wäre wie rote und weiße Süßigkeiten. Ich fragte, was denn das Ziel des Kommunismus sei, und sie sagten, es sei etwas sehr Gutes, genau wie die Süßigkeiten, und ich antwortete ihnen, daß er mir dann bestimmt gut gefallen würde.

Obwohl ich von der Beschlagnahme unserer Pferde und unseres gesamten Besitzes in Osttibet wußte, tat ich so, als wäre ich ahnungslos. Ich fürchtete, sie würden uns sonst verhaften. Sie sagten, wir sollten uns auf unsere Rückkehr nach Kham vorbereiten; wir würden dort einen chinesischen Rang einnehmen, Rimpoche würde eintausend Yuan erhalten und mir würden fünfhundert gezahlt. Ich dankte ihnen und sagte, wir seien bereit zu gehen.

Alle, die aus Kham nach Lhasa gekommen waren, wurden verhaftet und zurückgeschickt. Einige mußten ihre Kinder zurücklassen und waren verzweifelt, andere sprangen ins Wasser, um zu entkommen oder um sich umzubringen, aber die meisten wurden gefangen, gefesselt und auf Lastwagen verschleppt. Ich machte mich sofort auf den Weg zu Rimpoche nach Tsurphu, dem Sitz des Karmapa, nordwestlich von Lhasa. Es blieb uns nun keine andere Wahl, als zu fliehen. Unsere Pferde hatten wir nahe Tsurphu auf der Weide gelassen, aber die Chinesen hatten uns alle weggenommen. Ich lieh mir also ein Pferd, ritt nach Lhasa und kaufte dort zwölf andere Pferde. Noch in der Nacht ritt ich nach Tsurphu zurück und kam in der Morgendämmerung dort an. Pawo Rimpoche schenkte uns ein kräftiges Pferd. Unser Gepäck wurde von Yaks getragen. Rimpoche ging zu Fuß. Es ist schwer, Rimpoche mit anderen Lamas zu vergleichen. Er war sehr bescheiden und kümmerte sich um alle. Wir waren insgesamt dreizehn. Für unseren Weg brauchten wir anderthalb Monate, nachts schliefen wir in Zelten.

Als wir nur noch ein paar Tagesmärsche von der bhutanesischen Grenze entfernt waren, hörten wir, daß chinesische Truppen sich von hinten näherten. Um schneller voranzukommen, mußten wir unser ganzes Gepäck zurücklassen, fast alle Bücher und wertvollen Statuen. Nachts marschierten wir und tagsüber hielten wir uns versteckt. Viele Tibeter waren auf der Flucht, und die Chinesen schossen auf sie. Wir erklommen einen Gebirgspaß und waren so erschöpft, daß wir die Nacht dort oben verbrachten. Es war bitter kalt. Rimpoche setzte sich auf einen Felsen, Nyenpa Rimpoche ebenfalls, und ich setzte mich daneben. Die Yaks blieben gesattelt. Es gab kein Futter für sie. Es schneite drei Tage und drei Nächte. Wir konnten kein Feuer machen, um Tee zu kochen, die Chinesen hätten den Rauch bemerkt. Es gab keinen Unterschlupf für uns, nur endlose Geröllhalden.

Als wir endlich die bhutanesische Grenze erreichten, hatten wir kaum noch etwas zu essen, nur noch einen winzigen Rest an Gerstenmehl, Butter und getrocknetem Fleisch. Zwölf Tage mußten wir an der Grenze im Hochgebirge ausharren, während die bhutanesischen Soldaten auf Anweisungen warteten. Schließlich erlaubte uns die Regierung Bhutans die Einreise. Die Menschen waren sehr freundlich und gaben uns jeden Tag Gerste und Reis. Eine alte Frau gab uns Suppe. Während wir durch die Wälder Bhutans zogen, regnete es unaufhörlich, und es gab so viele Blutegel, daß Menschen und Tiere überall bluteten.

Als wir an einem Ort namens Wangdi ankamen, erfuhren wir aus einem kleinen Radio, daß Khyentse Chökyi Lodrö in Sikkim gestorben war.

In Indien angekommen, war ich sehr überrascht, all diese Autos und Züge zu sehen. Khyentse Rimpoche war inzwischen neunundvierzig Jahre. Er ging nach Sikkim, um die Einäscherung von Khyentse Chökyi Lodrö zu leiten. In Kalimpong und Darjeeling traf er andere große Lamas wie Dudjom Rimpoche und Kangyur Rimpoche, mit denen er Lehren austauschte.

Auf Wunsch der königlichen Familie blieb Khyentse Rimpoche in Bhutan. Aufgrund seiner inneren Verwirklichung scharten sich bald viele Schüler um ihn, und im Lauf der Jahre wurde er der größte buddhistische Lehrer in Bhutan, verehrt von allen, vom König bis zum einfachen Bauern.

Eines Abends sagte er plötzlich zu einem seiner Mönche, er solle sofort in die Hauptstadt Thimphu aufbrechen, die von Paro zwei Stunden Wegs entfernt war, und dem jungen König ein Bild der Schutzgottheit Ekajati überbringen mit dem Rat, es am nächsten Tag auf dem Körper zu tragen. Am folgenden Morgen, als der König auf dem Weg zur indischen Grenze war, stürzte sein Jeep in einer Kurve von der Bergstraße in die Tiefe, wobei er sich mehrmals überschlug, bevor er zerschmettert im Abgrund landete. Alle Insassen fanden den Tod, mit Ausnahme des Königs, der noch auf der Straße aus dem Jeep geschleudert wurde und unverletzt blieb. Dieser Vorfall und ähnliche Ereignisse bestärkten die Achtung und das Vertrauen der Menschen in Khyentse Rimpoche.

Bhutan ist ein Königreich im östlichen Himalaya, das seit den Zeiten der Einführung des Vajrayana-Buddhismus im 8. Jahrhundert durch den indischen Meister Padmasambhava unerobert und unabhängig geblieben ist. Die buddhistische Kultur konnte sich im 15. Jahrhundert unter dem Einfluß des bhutanesischen *Tertön* Pema Lingpa, und später, im 17. Jahrhundert unter dem großen tibetischen Lehrer Shabdrung Ngawang Namgyal ungehindert entfalten, und ihre Werte sind tief im Geist der Menschen verwurzelt. Jeder Hügel ist gekrönt von einem kleinen Tempel, um den herum Gebetsfahnen im Wind flattern. Gebetsmühlen werden Tag und Nacht von Gebirgsbächen und Flüssen in Bewegung gehalten. In den Bergen und Wäldern verstecken sich Einsiedeleien, in denen Menschen in Klausur meditieren. Einmal im Jahr, zur Erntezeit, steigen sie ins Tal hinab, um Almosen zu sammeln, und in jedem Bauernhof erhalten sie etwas Reis und getrocknetes Gemüse. Nach einem Monat haben sie ihre notwendigen Vorräte gesammelt, um den Rest des Jahres in Abgeschiedenheit verbringen zu können.

Wo sich Khyentse Rimpoche in Bhutan auch aufhielt, immer wartete schon frühmorgens eine lange Menschenschlange vor seiner Tür. Wenn er dann seine Morgengebete beendet hatte, gingen sie hinein und boten ihm Reisflocken, geröstetes Gerstenmehl, Hüttenkäse und Butter in geflochtenen bunten Strohkörbchen dar. Sie baten ihn, für ihr Wohl zu beten, und er legte jedem segnend seine Hand auf den Kopf.

*(Fortsetzung Seite 70)*

*Khyentse Rimpoche mit seiner Frau und seinen beiden Töchtern, 1957 in Lhasa, Tibet*

Mächtiger Berg, von Wäldern umgürtet,
dein schneegekröntes Haupt berührt den Himmel,
silberne Nebelschärpen verhüllen deine Schultern.
Wie glücklich der unbeschwerte Yogi,
der die Beschäftigung mit den Dingen dieses Lebens fallen läßt!

*Khyentse Rimpoche*

Der Anblick eines hochragenden Berges
soll dich an die Sicht erinnern:
Die Sicht ist der Geist des Meisters,
eins mit der Natur deines eigenen Geistes.

Der Anblick eines schimmernden Tannenwaldes
soll dich an die Meditationserfahrung und Verwirklichung erinnern:
Was sie betrifft, sei ohne Hoffnung und Zweifel,
sie sind alle das Spiel des Meisters.

Der Anblick eines blühenden Gartens
soll dich an das Verhalten erinnern, natürlich und spontan:
Alles Verhalten im Einklang mit dem Dharma
ist das vollendete Leben des Meisters.

Wie verblendet deine Gedanken auch sind,
sie sind nur ein Erzeugnis deines Verstandes.
Wenn du sie freiläßt, dahin, wo nichts entsteht, verweilt oder vergeht,
lösen sie sich in Leerheit auf.
Diese nackte Leerheit ist der Guru:
ursprüngliche Weisheit, jenseits des Intellekts.

*Khyentse Rimpoche*

Die Weite des Raums, frei von Konzepten,
umfaßt alles.
Und so durchdringt auch die unbefleckte Weite
der wahren Natur des Geistes alle Wesen.

*Maitreya-Asanga*

(gegenüber) *Das »Tigernest«, Paro Taktsang, in Bhutan, einer der geheiligtsten Orte Padmasambhavas, der sich fliegend auf dem Rücken eines Tigers hierher begeben haben soll. Viele seiner »spirituellen Schätze« sind hier verborgen worden. Die Tempel auf den steilen Felswänden stammen aus dem 17. Jahrhundert.*
(rechts) *1980 lebte Khyentse Rimpoche mehrere Wochen in Paro Taktsang, er brachte ein Lichtopfer von einhunderttausend Butterlampen dar und gab Initiationen und Belehrungen* (siehe Seite 70). *Während einer Zeremonie zur Wiederbelebung der Segenskraft dieses geheiligten Ortes blickt Khyentse Rimpoche von einem Balkon über dem Abgrund in die Landschaft.*

*Nahe dem Eingang zum »Tigernest« von Paro Taktsang lebt eine betagte Nonne in dieser winzigen Einsiedelei. Der halsbrecherische Zugang ist nur über ein paar eingekerbte und an die nackte Felswand gelehnte Baumstämme möglich.*

*Mönche, die Khyentse Rimpoche 1980 bei seinem Besuch von Paro Taktsang begleiteten, blasen auf einer Terrasse die vier Meter langen tibetischen Trompeten. Unten breiten sich die Wälder des Paro-Tals aus.*

(gegenüber) *Das mächtige Klosterfort von Tashicho Dzong in Thimphu, der Hauptstadt Bhutans. Die eine Hälfte der Anlage wird von über tausend Mönchen bewohnt, in der anderen sind die verschiedenen Regierungsbehörden sowie das Büro des Königs untergebracht. Die Hauptstadt liegt in 2600 Metern Höhe in einem von steilen Bergen umgebenen Tal.*

Was wir üblicherweise als Geist bezeichnen, ist der verblendete Geist. Ein turbulenter Wirbel von Gedanken, angetrieben von Gier, Haß und Unwissenheit. Anders als der erleuchtete Geist läßt sich der verblendete Geist von jeder auftauchenden Täuschung hinreißen. Durch das unerwartete Zusammentreffen mit einem Gegner oder einem Freund kommen urplötzlich und ohne Vorwarnung Gedanken des Hasses oder der Faszination in uns auf. Wenn sie nicht sofort mit dem geeigneten Gegenmittel unter Kontrolle gebracht werden, nisten sie sich ein und vermehren sich. Dadurch werden Haß und Begierde, die gewöhnlich unseren Geist bestimmen, verstärkt, und laufend neue karmische Tendenzen geschaffen.

So sehr wir auch unter der Herrschaft der Gedanken zu stehen scheinen, so sind es doch nur Gedanken, die sich am Ende wieder in Leerheit auflösen. Wenn wir die wahre Natur des Geistes einmal erkannt haben, lassen wir uns von diesen Gedanken, die scheinbar ununterbrochen aufsteigen und vergehen, nicht länger verwirren. Genauso wie Wolken am Himmel aufkommen, eine Zeitlang verweilen und sich dann wieder im leeren Raum auflösen, entstehen verblendete Gedanken, bleiben eine Zeitlang und lösen sich dann wieder in der Leerheit des Geistes auf. In Wirklichkeit aber ist überhaupt nichts geschehen.

Wenn Sonnenlicht auf einen Kristall fällt, scheinen alle Farben des Regenbogens auf, doch haben diese keine Substanz, die sich greifen ließe. Ebenso sind die Gedanken in ihrer unendlichen Vielfalt – Verehrung, Mitgefühl, Boshaftigkeit, Begierde – völlig ohne Substanz. Dies ist Buddhas Geist. Es gibt keinen Gedanken, der etwas anderes als Leerheit wäre. Wenn man ihre leere Natur im Moment des Aufkommens erkennt, lösen sich die Gedanken auf. Begierde und Haß können dann den Geist nicht mehr verstören. Verstörende Emotionen fallen von selbst in sich zusammen. Da keine negativen Taten mehr angehäuft werden, wird kein Leiden mehr folgen.

*Khyentse Rimpoche*

*Zwei der sechzehn Opfergöttinnen mit goldenen Kronen und Knochenschmuck, dargestellt von zwei Mönchen für ein* Drupchen, *ein neuntägiges, Tag und Nacht dauerndes Ritual. Jeden Morgen, während das Opfergebet gesungen wird, umschreiten die sechzehn Göttinnen langsam das* Mandala *und symbolisieren mit bestimmten Handbewegungen* (Mudra), *das Darbringen der Opfergaben, wie Blumen, Räucherstäbchen, Lampen, Düfte usw.*

Wer Mitgefühl hat, ist Buddha,
wer keines hat, der Dämon des Todes.

Mit Mitgefühl ist die Wurzel des Dharma gepflanzt,
ohne Mitgefühl ist sie verdorrt.

Wer Mitgefühl hat, ist wohlwollend auch im Zorn,
ohne Mitgefühl kann man mit einem Lächeln auf den Lippen töten.

Für den Mitfühlenden wird selbst der Feind zum Freund,
ohne Mitgefühl werden sogar Freunde zu Feinden.

Mit Mitgefühl besitzt man alle Lehren,
ohne Mitgefühl keine einzige.

Mit Mitgefühl ist man ein wahrer Buddhist,
ohne Mitgefühl profaner als weltliche Menschen.

Selbst für die Meditation über die Leerheit braucht man Mitgefühl als deren Essenz.
Wer den Dharma praktiziert, muß ein mitfühlendes Wesen haben.

Großes Mitgefühl ist wie ein wunscherfüllender Edelstein.
Es erfüllt die eigenen Hoffnungen und die der anderen.

Deshalb, ihr Asketen und Laien,
übt Mitgefühl, und ihr werdet Buddhaschaft erlangen.

*Shabkar*

*Khyentse Rimpoche hält eine Feuerzeremonie (Chinsek) ab, bei der den im Feuer visualisierten Gottheiten des Mandalas kostbare Substanzen geopfert werden. Es gibt vier Arten von Feueropfer, entsprechend den vier erleuchteten Aktivitäten. Jedes hat eine eigene Farbe, was die Ritualgegenstände und Substanzen, die Gewänder und das Brennholz betrifft. Hier soll das Ritual günstige Umstände anziehen, die vorherrschende Farbe ist deshalb Rot. Um Krankheiten, Kriege oder negative Emotionen zu befrieden, ist die vorherrschende Farbe Weiß. Für das Vermehren von Verdienst, Lebensdauer und meditativer Erfahrung ist Gelb die Farbe und für das Bezwingen innerer und äußerer Hemmnisse oder negativer Kräfte ein dunkles Blau. Die Zeremonie hier fand im Innenhof des Tempels von Paro Kyichu in Westbhutan statt.*

*Ein bhutanesischer Mönch schlägt zur Begleitung der Ritualmusik die Trommel.*

Inmitten der Sonne gibt es keine Dunkelheit,
und so erscheinen dem Yogi auch das Universum und alle Wesen als Gottheiten,
und er ist glücklich.

Auf einer Insel aus Gold gibt es keine gewöhnlichen Steine,
und so erscheinen dem Yogi auch alle Laute als Mantras,
und er ist glücklich.

Der Flug des Vogels läßt keine Spuren am Himmel zurück,
und so erscheinen dem Yogi auch alle Gedanken als das Absolute,
und er ist glücklich.

In der Weite des Gewahrseins, nicht eingeengt durch förmliche Praxis,
ist für den Yogi alle Meditation entspannt und ungezwungen,
und er ist glücklich.

Frei von Gedankentätigkeit,
verstehe ich, daß die Phänomene das Absolute sind.
Ihr, meine Freunde, solltet dies ebenfalls begreifen.
Traut intellektuellen Lehren nicht;
erkennt die grenzenlose und nichtgeborene Gleichheit.

*Shabkar*

*Rabjam Rimpoche, Khyentse Rimpoches Enkelsohn, leitet die nächtliche Abschlußzeremonie eines einwöchigen Rituals, um Hemmnisse abzuwenden und Frieden herbeizuführen.*

(oben) *Ein Clown beim Fest der sakralen Tänze in Thimphu; er soll die Zuschauer unterhalten und von der Tanzfläche fernhalten.*

(rechts) *Die sitzende Figur stellt einen Jäger im Augenblick des Todes dar, konfrontiert mit den Folgen seiner negativen Taten. Sein Richter ist die furchterregende Gestalt des Herrn des Todes, eine Personifizierung des unabänderlichen Gesetzes von Ursache und Wirkung, welches besagt, daß gute Taten zu Glück führen, schlechte Taten zu Leiden.*

Wenn Sie heute Ihr Anhaften am Ich überwinden, werden Sie noch am gleichen Abend Erleuchtung erlangen. Wenn Sie es morgen überwinden, werden Sie morgen abend Erleuchtung erlangen. Wenn Sie es nie überwinden, werden Sie nie Erleuchtung erlangen. Dieses »Ich« ist nur ein Gedanke, und Gedanken und Gefühle haben keine konkrete Substanz, keine Form, keine Farbe. Wenn im Geist ein haßerfüllter Gedanke mit derartiger Intensität aufwallt, daß Sie aggressiv und destruktiv werden, zückt der Haß denn eine Waffe? Ist er Befehlshaber einer Armee? Kann er die Dinge wie ein Feuer verzehren, wie ein Fels zermalmen, wie ein reißender Fluß davontragen? Gleich allen anderen Gedanken oder Gefühlen hat der Haß keine wirkliche Existenz. Er kann weder in unserem Körper noch in unserer Rede, noch in unserem Geist lokalisiert werden. Er ist wie der Wind, der im Leeren heult.

Statt sich zum Spielball Ihrer wild wuchernden Gedanken zu machen, sollten Sie ihre eigentliche Leerheit realisieren. Wenn Sie den Haß im eigenen Inneren besiegen, werden Sie entdecken, daß in der Außenwelt kein einziger Feind mehr übrigbleibt; und umgekehrt gilt, daß Ihr Haß – auch wenn Sie alle Feinde der Welt besiegen könnten, nur immer größer würde. Ihm freien Lauf zu lassen bringt ihn niemals zum Verschwinden. Der einzige wirklich unerträgliche Feind ist der Haß selbst.

Schauen Sie in das Wesen des Hasses. Sie werden entdecken, daß er nur ein Gedanke ist, und er wird sich auflösen gleich einer Wolke am Firmament.

*Khyentse Rimpoche*

*Kuje Lakhang in Bumthang, Ostbhutan. 1983 gab Khyentse Rimpoche die Übermittlung der 103 Bände des gesamten buddhistischen Kanons, der Worte des Buddha. Am ersten Tag werden die Schriften, aus denen er drei Monate lang von morgens bis abends einigen tausend Schülern vorlesen wird, in einer Prozession zu dem vor dem Kloster aufgestellten Zelt getragen.*

Alle anderen Wesen gleichen dir in dem Wunsch, glücklich zu sein,
alle anderen Wesen gleichen dir in dem Wunsch, Leid zu vermeiden.

Um dich daran zu gewöhnen, für andere mehr zu sorgen als für dich selbst,
solltest du dir vorstellen,
mit dem Einatmen ihr Leiden auf dich zu nehmen
und ihnen mit dem Ausatmen all dein Glück zu geben.

Erkenne, daß alles, was in Erscheinung tritt, die Entfaltung des Absoluten ist,
der ursprünglichen Natur, ungebrochene Einfachheit.
Wenn du nicht festhältst, ist alles, was erscheint, spontan befreit.
Bleib einfach im großen Ein-Geschmack,
ohne etwas vorzuziehen oder abzulehnen.

Kindische Wesen, die das nicht wissen,
gehen mit den Phänomenen so um, als seien sie konkret und wirklich.
Damit beginnt die Aneinanderreihung von Attraktion und Aversion
und das große Leiden des Daseins – ein Drama ohne Realität.

Worin liegt die mächtige Wurzel dafür?
In der Unwissenheit, die uns glauben läßt, die Wesen und die Phänomene würden wahrhaftig existieren.
Sich mit dieser Vorstellung anzufreunden
führt zur bedingten Existenz.

*Shechen Gyaltsap*

*Ein Wald von Gebetsfahnen, wie man ihn überall in Bhutan findet – auf Anhöhen, auf Waldlichtungen, auf Felsen, am Zusammenfluß von Wasserläufen und in der Nähe von Tempeln. Zweimal jährlich werden sie von der einheimischen Bevölkerung erneuert, mit hölzernen Druckstöcken bedruckt, anschließend zu den Lamas gebracht, die sie segnen, und dann an Bambusstangen befestigt* (siehe auch Seite 10).

(oben) *Das Kloster von Punakha am Zusammenfluß von Phochu und Mochu, Zentralbhutan. Das Kloster dient als Winterquartier der tausend Mönche von Thimphu Dzong* (siehe Seite 52), *die den dreitägigen Marsch zu Fuß machen.*
(gegenüber) *Während der neuntägigen Drupchen-Zeremonie, geleitetet von Khyentse Rimpoche, führen die Mönche ein Ritual mit Musikinstrumenten aus, um den Ort erneut zu weihen.*

Alle, die unglücklich sind, sind es,
weil sie nur ihr eigenes Lebensglück verfolgen.
Alle, die glücklich sind, sind es,
weil ihnen das Glück der anderen am Herzen liegt.

Wozu viele Worte? Es genügt, den Tor,
der den eigenen Nutzen verfolgt,
mit dem Weisen zu vergleichen,
der stets nach dem Wohl der anderen strebt.

Wenn ich den Wesen Freude bringe, erfreue ich damit die Buddhas,
wenn ich sie beleidige, beleidige ich die Buddhas.

*Shantideva*

(oben) *Ein Einsiedler, der die meiste Zeit in einsamer Klausur verbringt, zeichnet ein Mandala* (siehe Seite 42) *für einen anderen Praktizierenden.* (rechts) *Ein Mönch kopiert einen sakralen Text auf handgeschöpftes Papier, das er in der linken Hand hält. Die Kunst der Kalligraphie ist in Bhutan noch sehr lebendig; ein geübter Kalligraph kann bis zu fünfzehn Seiten pro Tag kopieren. Als Feder dient ein angespitzter Bambus, die Tinte besteht aus fein zerstampftem und mit Wasser und einem natürlichen Klebemittel vermischtem Ruß.*

Möge ich nach Art der Erde und der anderen Elemente
der unendlichen Zahl der Wesen
solange das All besteht
Unterstützung sein.

Möge ich allen Wesen, die die unendliche Weite
des Raums bevölkern,
solange sie nicht befreit sind,
Nahrung sein, die sie erhält.

Möge ich für alle, die leiden,
solange bis jede Krankheit verschwunden ist,
Arzt, Helfer und Heilmittel sein.

Möge ich mit einem Regen von Speise und Trank
die Qualen des Hungers und Durstes stillen
und in Zeiten der Not
mich selbst in Speise und Trank verwandeln.

Möge ich für die Armen und Verlassenen
zum unerschöpflichen Schatz werden,
der all ihre Bedürfnisse befriedigen kann.

Meinen Körper und mein Hab und Gut,
mein gegenwärtiges und zukünftiges Verdienst
gebe ich auf diese Weise, rückhaltlos und ohne Bedauern,
für das Wohl der anderen hin.

*Shantideva*

*Shechen Rabjam Rimpoche führt eine Zeremonie aus (ähnlich der auf Seite 55 beschriebenen).*

(oben) *Vier hünenhafte Mönche aus Kham, Osttibet; sie sind nach Bhutan gekommen, um von Khyentse Rimpoche in Kuje Lakhang in Bhumtang Belehrungen zu erhalten. Alle vier waren für fünf oder sechs Jahre in Klausur in Tibet. Der Mönch links hat das Mantra von Guru Padmasambhava einhundertmillionenmal rezitiert.*
(gegenüber) *Khyentse Rimpoche führt im Morgengrauen beim Licht einer Taschenlampe ein Ritual aus – am letzten Tag einer langen Zeremonie in Punakha. Das Mandala, das im Mittelpunkt der Zeremonie stand, wird demoliert, und die Teilnehmer werden aus allen seinen Bestandteilen die während der Zeremonie durch ihre Meditation darin konzentrierte Segenskraft erhalten.*

(Fortsetzung von Seite 47)

Wenn Khyentse Rimpoche in Bhutan auf Reisen war, schien es das ganze Land zu wissen; alle zehn, fünfzehn Kilometer, bei jedem Dorf, warteten die Menschen und Mönche am Straßenrand auf sein Kommen. Feuer aus frischen Wacholderzweigen schickten wohlriechende Rauchwolken zum Himmel. Handgewebte Wollteppiche wurden ausgerollt, darauf standen geschnitzte, mit Drachen, Vögeln und Lotosblumen verzierte Tische, bedeckt mit Süßigkeiten und Kannen voll heißen Tees. Wenn die Reisegruppe anhielt, bot man Khyentse Rimpoche Erfrischungen an. Manchmal gab Rimpoche seinen Segen vom Auto aus, manchmal stieg er aus, ließ sich eine Weile nieder und gab den Versammelten einen Langes-Leben-Segen.

Bei der Ankunft in einem größeren Kloster oder Dorf wurde Khyentse Rimpoche immer von einer langen Prozession von Mönchen und Würdenträgern des Orts empfangen. Sie trugen Brokatbanner vorweg, spielten auf Instrumenten und geleiteten ihn manchmal in langsamen Tanzschritten zu seiner Unterkunft. Dort warfen sich dann der Ortsvorsteher, der Richter und andere wichtige Persönlichkeiten, in zeremonieller Kleidung und mit dem Schwert in der Silberscheide am Gürtel, vor ihm zu Boden und boten ihm Tee und Essen an. Am nächsten Tag zog dann eine lange Menschenschlange an Rimpoche vorbei, um seinen Segen zu empfangen, was oft Stunden dauerte. War die Menge zu groß, wurde er in einer Sänfte durch die auf freiem Feld versammelten Menschen getragen, wobei er geweihten Reis unter sie warf.

Wenn er sein Reiseziel erreicht hatte, hielt sich Khyentse Rimpoche dort gewöhnlich einen Monat lang auf, um Belehrungen zu geben und wichtige Zeremonien abzuhalten. Danach brach er zum nächsten Ort auf. Er reiste das ganze Jahr über, führte dicke Bücherpakete und Ritualgegenstände mit sich; begleitet wurde er von fünf oder sechs Mönchsdienern und einem Gefolge von inkarnierten Lamas und Praktizierenden, die von ihm täglich ein bis zwei Stunden Belehrungen erhielten.

Drei- bis viermal jährlich hielt Khyentse Rimpoche ein *Drupchen* ab, eine Zeremonie, die sich acht bis vierzehn Tage und Nächte hinzieht. Die versammelten Mönche werden in drei Gruppen aufgeteilt, die sich jeweils abwechseln, um von sieben Uhr morgens bis sieben Uhr abends und dann die ganze Nacht durch die Rezitation der Mantras aufrechtzuerhalten. Die Zeremonien finden in prächtigen Tempeln statt, die zwischen den Feldern oder in den Wäldern liegen; dazu gehören sakrale Musik, Tänze und rituelle Opferhandlungen.

Einmal hielt sich Khyentse Rimpoche für zwei Wochen in der Tigernest-Höhle in Paro Taktsang auf. Er opferte einhunderttausend Butterlampen und gab zahlreiche Unterweisungen und Ermächtigungen. Während dieser Zeit hatte er eine Vision Jigme Lingpas, des großen Lehrers des 18. Jahrhunderts. Dieser trug ein Buch, eingewickelt in sein Haar, auf dem Kopf und ein weißes Gewand mit einem rot-weiß gestreiften Schal. Er legte segnend seine Hand auf Khyentse Rimpoches Haupt und sagte: »Du bist der Erbe meiner Lehren, der ›Herz-Essenz des Weiten Raums‹ *(Longchen Nyingthig)*. Du kannst damit tun, was dir gut erscheint.« Außerdem sagte er ihm, daß vier große Stupas gebaut werden sollten, für den Frieden in Bhutan

*Seine Heiligkeit der Dalai Lama überbringt zu Beginn einer von ihm erbetenen Unterweisung Khyentse Rimpoche eine symbolische Darstellung des Universums. Dharamsala, Inden, 1991*

und die Erhaltung der buddhistischen Lehre. Jeder Stupa sollte einhunderttausend Miniaturstupas enthalten.

Khyentse Rimpoche gehörte zu jenen seltenen Lehrern mit besonderen Fähigkeiten, die in der Nyingma-Tradition als *Tertön,* das heißt als Entdecker spiritueller Schätze, bekannt sind. Sie offenbaren die Lehren, die von Padmasambhava zum Nutzen künftiger Generationen verborgen worden waren. Als Padmasambhava, »Der aus dem Lotos Geborene«, seinen fünfundzwanzig Hauptschülern, darunter dem König Trisong Detsen und der *Dakini* Yeshe Tsogyal, Unterweisungen und Initiationen gab, vertraute er jedem von ihnen besondere Lehren an und verbarg diese auf wundersame Weise als Schätze an verschiedenen Orten, in Tempeln, geweihten Bildern, Felsen, Seen oder auch im Himmel. Er weissagte, daß jene besonderen Schüler in einer künftigen Wiedergeburt diese Lehren aus ihrem Versteck holen und zum Wohl der Wesen dieser Zeit übermitteln würden. Wenn die Zeit gekommen ist, erfährt der *Tertön* aus Visionen oder anderen Zeichen, wie und wo der für ihn bestimmte Schatz *(Terma)* zu finden ist. Im Fall der Geist-Schätze tauchen die Lehren im Geist des *Tertön* auf, und dies galt für die meisten der von Khyentse Rimpoche entdeckten *Terma.* Im Lauf der Jahrhunderte sind einige hundert *Tertön*-Meister erschienen. Diese Art der Übermittlung, oft »kurze Überlieferungslinie« genannt, ergänzt die »lange Überlieferungslinie« der buddhistischen kanonischen Schriften, die seit Padmasambhavas Zeiten durch Generationen hindurch von Meister zu Schüler weitergegeben werden.

In einer seiner *Terma*-Visionen sah Khyentse Rimpoche das vollständige Mandala von Amitayus, dem Buddha des langen Lebens (siehe Seite 42) auf der Wasserfläche eines Sees in Osttibet. Aufgrund dieser Vision verfaßte er einen ganzen Band von Lehren und spirituellen Übungen. Insgesamt füllen seine Geist-Schätze fünf Bände.

Nachdem Khyentse Rimpoche von Tibet nach Indien geflohen war, wurde er einer der wichtigsten Lehrer des Dalai Lama. In seiner Autobiographie erzählt er, wie er in Lhasa den Dalai Lama zum ersten Mal traf:

Einmal sagte ich im Jokhang-Tempel in Lhasa vor einer neuen Statue von Padmasambhava gerade Gebete, als ich plötzlich den Rauch von besonders wohlriechenden Räucherstäbchen bemerkte. Einige in Brokat gekleidete Würdenträger kamen herein, gefolgt von einem Mönch mit blassem Gesicht und einer Brille. Er sah aus wie der Dalai Lama auf den Fotos, die ich gesehen hatte. Er schaute sich die neue Statue genau an und brachte ihr eine Schärpe dar. Als er an mir vorbeikam, fragte er mich, woher ich käme, wie ich hieße und welche Zeremonie ich ausführen würde. Er empfahl mir, meine Gebete gut zu sagen, und begab sich dann zu dem gekrönten Buddha, vor dem er etwa eine Stunde lang verweilte. Dies war meine erste Begegnung mit seiner Heiligkeit.

Später sah ich ihn, zusammen mit meinem Bruder Sangye Nyenpa Rimpoche, noch zweimal in seiner Sommerresidenz in Lhasa.

Nachdem wir in Indien angekommen waren, traf Nyenpa Rimpoche den Dalai Lama auf einer Pilgerfahrt in Benares. Seine Heiligkeit fragte ihn, wo sein großgewachsener Bruder mit den langen Haaren sei und ob er von den Chinesen schlecht behandelt worden wäre. Er freute sich, daß wir entkommen und in Sicherheit waren, und sagte, wir würden uns später wiedersehen.

*Kangyur Rimpoche (1898–1975), Lehrer und Schüler Khyentse Rimpoches*

Bald darauf versammelten sich alle großen Lamas der vier Schulen des tibetischen Buddhismus in Dharamsala, dem Sitz des Dalai Lama in Indien, um für sein langes Leben zu beten und über die Bewahrung der tibetisch-buddhistischen Lehren im Exil zu beraten. Die Nyingma-, Sakya- und Kagyu-Schulen sollten jemanden auswählen, dem Dalai Lama ein Mandala-Opfer als Symbol für das gesamte Universum darzubringen. Traditionellerweise beginnt derjenige, der diese Aufgabe übernimmt, mit einer langen gelehrten Rede über das Universum entsprechend der buddhistischen Kosmologie und die allgemeinen Grundlagen der

*Khyentse Rimpoche mit Dudjom Rimpoche (1904–1987), dem Oberhaupt der Nyingma-Tradition, in der Dordogne, Frankreich, 1984*

buddhistischen Geschichte und der Lehrsätze. Eine solche Rede wird gewöhnlich in einem Zeitraum von Wochen verfaßt und dann vorgelesen. Khyentse Rimpoche jedoch blieb, als er gebeten wurde, die Rede zu halten, nur ein Tag der Vorbereitung. Er nahm trotzdem ohne Formalitäten an. Einer der Gelehrten hatte davon gehört, und es tat ihm leid, daß Khyentse Rimpoche eine so wichtige Ansprache ohne ausreichende Vorbereitung halten mußte. Er brachte ihm ein Buch mit einer ähnlichen Vorlesung und schlug ihm vor, eventuell am nächsten Tag daraus vorzulesen. Khyentse Rimpoche bedankte sich liebenswürdig, legte das Buch beiseite, nahm die Unterhaltung mit seinem Besucher wieder auf und ging anschließend schlafen.

Als am folgenden Tag der Zeitpunkt gekommen war, in Anwesenheit des Dalai Lama und der Versammlung von Gelehrten die Vorlesung zu halten, erhob sich Khyentse Rimpoche, öffnete das Buch zum ersten Mal, behielt es in der Hand, ohne die Seiten umzublättern, und hielt eine hochgelehrte Ansprache von zweistündiger Dauer. Am Ende brachte er dem Dalai Lama die acht Glückszeichen dar, und als er die Muschel ergriff, war ein Donnerschlag zu hören.

Alle waren verblüfft über Khyenste Rimpoches Gelehrsamkeit, die danach in der tibetischen Gemeinschaft in Indien berühmt wurde. Als Khyentse Rimpoche sich am nächsten Tag vom Dalai Lama verabschiedete, meinte dieser: »Der Donnerschlag gestern war ein glückverheißendes Zeichen, nicht wahr?«

Später bat er Khyentse Rimpoche oft in seine Residenz in Dharamsala, und im Lauf der Jahre gab ihm Khyentse Rimpoche fast alle wichtigen Belehrungen der Nyingma-Überlieferung.

*Seine Heiligkeit der Dalai Lama, das spirituelle und weltliche Oberhaupt Tibets, gibt vor dreihunderttausend Menschen die Kalachakra-Ermächtigung in Bodh Gaya, Indien, 1985.*

In jedem unserer unzählig vielen Leben seit anfangslosen Zeiten müssen wir Eltern gehabt haben. Jedes einzelne Wesen muß einmal unsere Mutter, unser Vater gewesen sein. Wenn wir an all diese hilflosen Wesen denken, die unsere Eltern waren und gleich Blinden, die den Weg verloren haben, so lange Zeit durch den Daseinskreislauf wandern, können wir gar nicht anders, als überwältigendes Mitgefühl für sie zu empfinden. Aber Mitgefühl allein genügt nicht, sie brauchen wirkliche Hilfe. Solange unser Geist jedoch durch Anhaften eingeengt ist, wird es sie bestenfalls vorübergehend und partiell glücklich machen, wenn wir ihnen Nahrung, Kleidung, Geld oder auch nur Zuwendung geben. Wir müssen eine Möglichkeit finden, sie vollständig von Leid zu befreien. Dies kann nur geschehen, wenn wir einem spirituellen Weg folgen und uns ändern, so daß wir andere ändern können.

Mitgefühl muß ungeteilt allen Wesen gelten, ohne Unterschied zwischen Freund und Feind. Dieses Mitgefühl ständig im Sinn, sollten wir jeden positiven Akt ausführen, auch wenn es nur das Opfern einer einzigen Blume oder die Rezitation eines einzigen Mantras ist, und wünschen, daß dies allen lebenden Wesen ohne Ausnahme zugute kommt.

Für die großen Lehrer der Vergangenheit war die Unteilbarkeit von Leerheit und Mitgefühl die kostbarste Lehre. Sie entwickelten Liebe, Mitgefühl, Freude und Unparteilichkeit, woraus die Fähigkeit, anderen zu helfen, mühelos entsteht. Motiviert von Mitgefühl für alle Wesen, sollten wir die Absicht, Erleuchtung zum Wohl aller Wesen zu erlangen, fest in unserem Herzen verankern. Ohne diese Absicht bleibt unser Mitgefühl leblos und blaß. Es heißt: »Anderen Gutes zu wünschen, selbst denen, die uns Schaden zufügen, ist die Quelle vollkommenen Glücks.« Wenn wir diese Ebene erreicht haben, entsteht Mitgefühl für alle Wesen völlig ungekünstelt von allein.

Es ist wichtig, uns mit unserem ganzen Sein auf die Aufgabe zu konzentrieren, Buddhaschaft zum Wohl aller Wesen zu erlangen, bis uns die Sinnlosigkeit und Absurdität der Aktivitäten dieses Lebens wirklich klar werden. Die Lage, in der sich die Wesen in diesen schwierigen Zeiten befinden, wird uns dann betroffen und traurig machen, und der feste Entschluß, sie aus Samsara zu befreien, wird in uns reifen. Wenn diese Einstellung in uns Wurzeln geschlagen hat, werden daraus mit Sicherheit die Eigenschaften und Verwirklichungen des Mahayana erwachsen. Fehlt es unserem Entschluß, uns aus Samsara zu befreien, an Kraft, wird sich unsere Dharma-Praxis nie wirklich voll entfalten.

Alle Lebewesen gleichen sich darin, daß alle glücklich sein und nicht leiden möchten. Der Unterschied zwischen mir und den anderen liegt in der Tatsache, daß ich nur ein einzelnes Wesen bin, die anderen aber sind unzählig viele. Folglich sind mein eigenes Glück und Leiden im Vergleich zum Glück und Leiden der unendlich vielen anderen Wesen vollkommen unbedeutend. Was wirklich zählt, ist nicht, ob ich glücklich bin, sondern, ob die anderen es sind. Auf diesem Gedanken beruht der Erleuchtungsgeist. Wir müssen das Glück der anderen im Sinn haben, nicht unser eigenes. Vor allem sollten wir besonders jenen, die wir für unsere Feinde halten und die uns schlecht behandeln, Gutes wünschen. Was sonst sollte wohl der Sinn von Mitgefühl sein?

*Khyentse Rimpoche*

*Mönche beten unter dem riesigen Bodhi-Baum in Bodh Gaya im indischen Staat Bihar während des jährlichen Nyingma-Gebetsfestes. Unter einem solchen Baum an diesem Ort erlangte Buddha Shakyamuni im Alter von fünfunddreißig Jahren die Erleuchtung (siehe Seite 36). Bodh Gaya ist deshalb ein Wallfahrtsort für Buddhisten aus aller Welt. Hinter dem Baum erhebt sich der Mahabodhi-Stupa. Es heißt, daß alle Buddhas der Vergangenheit und Zukunft an diesem Ort Erleuchtung erlangten beziehungsweise erlangen werden.*

# Wirken für den Dharma

Jede einzelne Leistung, die Khyentse Rimpoche auf den verschiedensten Gebieten erbracht hat, könnte man schon als ein Lebenswerk für sich betrachten. Ungefähr zwanzig Jahre praktizierte er in Klausur; ein halbes Jahrhundert lang erteilte er täglich mehrere Stunden Unterweisungen, und seine eigenen Schriften füllen fünfundzwanzig dicke Bände. Außerdem überwachte er zahlreiche Projekte zur Erhaltung und Verbreitung der buddhistischen Lehre, Tradition und Kultur, alles Ausdruck seines unermüdlichen lebenslangen Wirkens im Dienst des Dharma.

Seine Kenntnis der umfangreichen tibetischen buddhistischen Literatur ist vermutlich einmalig. Von Jamyang Khyentse Wangpo war die Bestimmung auf ihn übergegangen, alle Traditionen zu bewahren und für die Nachwelt zu erhalten, insbesondere jene, die vom Aussterben bedroht waren. Während zu Jamyang Khyentse Wangpos Zeiten die Bedrohung eher von sektiererischen Konflikten und Nachlässigkeit ausging, wurde zur Zeit Khyentse Rimpoches Tibets einzigartiges Erbe von außen gefährdet: durch die großen Umwälzungen der chinesischen Invasion und der Kulturrevolution. Unzählige Schriften aus zahllosen Klosterbibliotheken wurden vernichtet, und nur wenige Lamas und Gelehrte konnten bei ihrer überstürzten Flucht ins Exil ihre kostbaren Bücher mitnehmen. Viele hatten nichts außer ihren Kleidern auf dem Leib. Dennoch konnten die meisten Schriften gerettet werden, und wenn es nur ein einziges Exemplar war. Sogar heute noch tauchen verlorengeglaubte Texte auf. Ende der sechziger Jahre wurde die große Aufgabe einer Neuauflage der gesamten buddhistischen Literatur Tibets in Angriff genommen. Khyentse Rimpoche selbst, der immer bemüht war, wichtige Texte neu herauszugeben, hat an die dreihundert Bände der Nachwelt erhalten können.

Seine eigenen Schriften, die oft die Werke von Meistern der Vergangenheit ergänzen oder kommentieren, bilden eine wahre Enzyklopädie von Texten für die Praxis, von Kommentaren, Gebeten, Gedichten und Ratschlägen. Das Buch, an dem Khyentse Rimpoche gerade arbeitete, lag stets in Reichweite. Er schrieb sogar daran, während er Besucher empfing oder etwas anderes erledigte, wobei er allem, was er tat, seine ungeteilte Aufmerksamkeit zu schenken schien.

Aber Khyentse Rimpoche war mehr als nur ein großer Gelehrter. Denn am wichtigsten war ihm, daß die Texte, die er gerettet, veröffentlicht und auch praktiziert, verwirklicht und weitervermittelt hatte, von anderen in die Praxis umgesetzt wurden. Deshalb unternahm er beträchtliche Anstrengungen, Tempel, Klöster und Klosteruniversitäten zu gründen und zu unterhalten, um Studium und Praxis der buddhistischen Tradition zu gewährleisten. Eines seiner letzten großen Vorhaben war die Gründung eines neuen Shechen-Klosters in Nepal. Nicht, um sich damit eine eindrucksvolle Residenz zu errichten; ihm war es gleichgültig, ob er in einer windschiefen Hütte oder in einem weiträumigen Palast wohnte. Beides hatte er in seinem Leben gekannt. Dieses große Projekt nahm er in Angriff, weil er an die Zukunft dachte.

1980 machten ihm seine Frau und sein engster Schüler Trulshik Rimpoche den Vorschlag, in Nepal ein kleines Kloster zu gründen, als zukünftigen Sitz für seinen Enkel und spirituellen Erben Shechen Rabjam Rimpoche. Nachdem er eine Weile darüber nachgedacht hatte, meinte Khyentse Rimpoche verschmitzt, er wolle kein kleines Kloster bauen, sondern ein möglichst großes. Als Ort wählte er ein Gelände in der Nähe des großen Stupa von Jarung Kashor in Bodhnath und erfüllte damit eine Weissagung, daß ein Nyingma-Kloster an dieser Stelle von großem Segen für die buddhistische Lehre sein und den Frieden und Wohlstand in der ganzen Region fördern werde.

Die zwölf Jahre Bauzeit waren geprägt von einer geglückten Kombination von angewandtem traditionellen Wissen, künstlerischer Kreativität und freudiger Anstrengung. Als man mit dem Bau des Hauptgebäudes begann, strömten über fünfzig Künstler, Maler, Gold- und Silberschmiede, Schneider, Maskenmacher und Bauhandwerker – alles Schüler von Khyentse Rimpoche – aus Bhutan, Tibet und Indien herbei, um ihren Beitrag zu leisten.

*Das neue Shechen-Kloster in Nepal wurde schon während der Bauarbeiten für ausgedehnte Zeremonien benutzt.*

Khyentse Rimpoche legte Wert darauf, daß alles mit größter Sorgfalt und Beachtung des kleinsten Details ausgeführt wurde. Hundertfünfzig Statuen, von einem halben bis sechs Meter Höhe, wurden im Kloster angefertigt. Die Statuen sind innen hohl und aus Ton, der mit handgemachtem Papier gemischt und verstärkt wird. Ins Innere einer Statue wird der »Lebensbaum« gestellt, und zwar so, wie er in der Natur gewachsen war – die Seite, die nach Osten zeigte, nach vorn gerichtet. Vorher wird der Baum geschliffen und poliert, rot lackiert und mit Mantras in goldenen Lettern beschriftet. Reliquien von Heiligen der Vergangenheit – Haare, Knochen- und Kleidungsstücke – werden daran befestigt, dann wird er in gelbe Seide gewickelt und schließlich in die Statue gestellt. Die Zwischenräume werden ausgefüllt mit gerollten Streifen von mit Safranwasser gefärbtem Papier, das mit Mantras und Gebeten in winziger Schrift bedruckt ist. Kleine Steine, getrocknete Blumen und Heilkräuter von geheiligten Orten, Goldstückchen, Silber, Korallen, Türkise und viele andere kostbare Substanzen kommen dazu. Wenn die Statue voll ist, wird der Sockel versiegelt und eine Weihezeremonie durchgeführt.

Andere sakrale Gegenstände sind aus vergoldetem Kupfer, wie das Rad der Lehre (Dharma-Chakra), flankiert von zwei Rehen in Erinnerung an Buddha Shakyamunis erste Unterweisung im Rehpark von Varanasi. Die Vergoldung wird nach den Regeln des traditionellen Kunsthandwerks ausgeführt. Zuerst wird das Gold zu dünnen Blättern ausgewalzt. Dann wird es einige Tage lang in einem Mörser mit Quecksilber vermischt und auf das Kupfer aufgetragen, dessen Oberfläche mit einer Lötlampe erhitzt wird. Das Quecksilber verdampft, und das Gold schlägt sich nieder und wird anschließend mit einem Polierstein behandelt. Quecksilberdampf ist stark toxisch. Die tibetischen Goldschmiede glauben aber, daß es hilft, wenn man nach dem Vergolden viel Hirsebier trinkt.

Die Wände der drei Haupttempel des Shechen-Klosters sind mit schönen Fresken bemalt, auf denen die Geschichte des Buddhismus in Tibet und alle bedeutenden Lehrer der vier Hauptschulen des tibetischen Buddhismus dargestellt sind. Diese Arbeit wurde unter Khyentse Rimpoches Aufsicht von zwei Meistern und einem Dutzend Gehilfen ausgeführt.

Insgesamt zelebrierte Khyentse Rimpoche hundert Zeremonien, um die Statuen und Gemälde zu weihen. Solche Zeremonien dienen dazu, Weisheit, Mitgefühl und Macht des abgebildeten Buddha anzurufen, damit diese Aspekte untrennbar mit seinem materiellen Abbild verschmelzen.

Überall, wo er sich aufhielt, erhob sich Khyentse Rimpoche lange vor der Morgendämmerung, um mehrere Stunden zu beten und zu meditieren, bevor er mit seinen bis spät in die Nacht dauernden Arbeiten begann. Er bewältigte täglich ein unerhörtes Arbeitspensum in völliger Gelassenheit und ohne irgendein Anzeichen von Ermüdung.

Ein normaler Tag begann morgens um halb fünf. Wenn Khyentse Rimpoche aufwachte, reichte ihm ein Gehilfe, der auf einer Matte im gleichen Zimmer schlief, eine Tasse heißen Wassers und ein paar geweihte Pillen. Khyentse Rimpoche wickelte dann sein Buch mit den Gebeten aus; es enthielt über fünfhundert lose Blätter, zwischen die Miniaturmalereien, Seiten mit der Handschrift großer Meister der Vergangenheit, Fotografien anderer Meister und getrocknete Blumen von Wallfahrtsorten gelegt waren. Bis neun Uhr praktizierte Khyentse Rimpoche verschiedene Meditationen, Visualisierungen und Gebete. Das zu einer Praxis gehörende Mantra pflegte er lange zu rezitieren, zum Zählen benutzte er verschiedene Rosenkränze, die

*Eine auf den Rücken gelegte Statue wird mit Mantrarollen und Reliquien gefüllt.*

*Das Sand-Mandala wird am Ende eines neuntägigen Rituals eingeebnet.*

je nach der Art und dem Zweck der Praxis aus den Samen des Bodhi-Baumes, aus Kristall oder Korallen waren. All diese Gebete und Mantras rezitierte er lautlos im Geist. Um halb acht brachte ihm sein Gehilfe eine Schale mit gerösteter Gerste und gesalzenen Buttertee.

Um neun war die morgendliche Schweigezeit zu Ende. Rimpoche begab sich dann in einen größeren Raum, um Besucher zu empfangen, die meist schon draußen gewartet hatten. Ihren Bedürfnissen entsprechend gab er ihnen spirituelle Führung, praktischen Rat, Unterweisungen, Segen, weihte ihre für den Hausaltar bestimmten Statuen und Bilder, oder er tauschte Neuigkeiten mit Besuchern aus Tibet aus, mit Pilgern aus Bhutan oder mit den von anderen Lamas geschickten Boten.

Wenn eine bedeutende Zeremonie stattfand, begab sich Rimpoche schon früh morgens zu den zweihundert im Haupttempel versammelten Mönchen. Den ganzen Tag blieb er mit gekreuzten Beinen auf seinem Thron sitzen. Während der Pausen erhob er sich nicht von seinem Sitz, sondern beendete seine Morgengebete, empfing Besucher oder setzte die Arbeit an einem Text fort.

Seine eigentliche Tätigkeit war jedoch das Lehren. Ohne jemals müde zu werden, ging er, wann immer es sein Tagesablauf gestattete, auf jede Bitte um Unterweisungen und spirituelle Führung ein. Manchmal erteilte er monatelang täglich Belehrungen vor ein paar Dutzend oder vielen tausend Menschen. Selbst nach einem solchen arbeitsreichen Tag gab er noch in seinem Zimmer bis spät in die Nacht persönliche Unterweisungen an einzelne oder kleine Gruppen. Auch in der Mittagspause während langer Zeremonien nutzte er jede freie Minute, er beendete seine Mahlzeit rasch, um noch jemandem einen Text über eine Meditation oder einen philosophischen Kommentar erläutern zu können. Nie lehnte er derartige Bitten ab. Wenn er nicht sofort Zeit hatte, ließ er die Betreffenden später holen, oder er machte mit ihnen einen Termin für den nächsten Tag aus. Wegen der Vielzahl der Bitten und Rimpoches Willen, allen gerecht zu werden, kam es dann öfters vor, daß sich zum ausgemachten Zeitpunkt ein halbes Dutzend Menschen einfanden.

Er hatte eine ganz erstaunliche Art zu lehren. Kaum einmal schaute er in den vor ihm liegenden Text, und gleichwohl floß seine Rede mühelos dahin, in ebenmäßigem Rhythmus und Ton, ohne besonderen Nachdruck, ohne Pause, ohne Zögern, als ob er aus einem unsichtbaren Buch vorlesen würde. Das Thema wurde gleichmäßig von Anfang bis Ende abgehandelt, in exakt der vorgesehenen Zeit und genau auf das jeweilige Auffassungsvermögen der Zuhörerschaft abgestimmt. Durch ein paar einfache Worte aus seinem Mund konnten sich ganz neue, tiefe spirituelle Erkenntnisse eröffnen. Sein ungeheures Wissen, seine Wärme und das Maß seiner inneren Verwirklichung verliehen seinen Belehrungen eine einzigartige Qualität.

Obwohl Khyentse Rimpoche die Güte und Geduld in Person war, flößten seine Ausstrahlung, seine geistige Dimension und seine mächtige Erscheinung Ehrfurcht und Respekt ein. Mit engen Schülern und Gehilfen konnte er sehr streng sein; er wußte, daß »strenge Disziplin den guten Schüler stärkt«. Zu Besuchern oder Menschen, die keine besondere Beziehung zu ihm hatten, war er nie hart; mit seinen Schülern aber war er unnachgiebig, und er ließ ihnen nie negatives Verhalten, ungute Worte oder böse Gedanken durchgehen. Wer ihn kannte, wußte, daß er jede Scheinheiligkeit und Vortäuschung durchschaute. Seine mächtige Präsenz übte einen starken Einfluß auf seine Schüler aus, sie erlaubte ihnen nicht, ihren Geist abschweifen zu lassen.

Es gibt auf dem Gebiet der Wissenschaft oder Kunst viele bedeutende Männer und Frauen, die sich nicht unbedingt dadurch auszeichnen, daß sie gute Menschen sind. Bei Khyentse Rimpoche standen Genius und Größe in völliger Harmonie mit seiner Lehre. So unergründlich die Tiefe seines Geistes auch war, von einem normalen Standpunkt aus war er auch ein außerordentlich gütiger Mensch. Niemals tat oder äußerte er etwas, das andere verletzen konnte. Sein einziges Interesse war, das vorübergehende und letztendliche Wohl der anderen zu bewirken. Er war das lebende Beispiel dafür, was das Resultat des spirituellen Weges ist – die denkbar größte Inspiration für jeden, der diesen Weg gehen will.

*Das Shechen-Kloster in Bodhnath, Nepal. Am Ende einer Drupchen-Zeremonie, die neun Tage und neun Nächte dauert, wird das mit farbigem Sand präzise ausgeführte Mandala weggekehrt (gegenüber), als Symbol für die Vergänglichkeit aller Phänomene. Der Sand kommt in eine Urne und wird in einer Prozession zum nahen Fluß getragen und dort ins Wasser gestreut. Die Prozession kehrt in den Klosterhof zurück, die Mönche gehen dabei in einer Schlange, die »Kreis der Freude« (Gakhyil) genannt wird und dem chinesischen Yin-Yang-Symbol ähnelt.*

*Mönche mit Zeremonientrommeln umschreiten in einer Prozession den Großen Stupa von Jarungkashor, in Bodhnath im Kathmandu-Tal, Nepal. Dieser Stupa ist ein wichtiger Wallfahrtsort für tibetische Buddhisten, denn seine Errichtung steht in Zusammenhang mit der Einführung des Buddhismus in Tibet. Der Legende nach wurden die vier Söhne der Geflügelzüchterin Shamvara, die den Stupa baute, als Guru Padmasambhava, Abt Shantarakshita, König Trisong Detsen (siehe Seite 38) und als der Minister Bami Trihzi wiedergeboren, als Ergebnis ihrer Wünsche, den Stupa zu vollenden.*

*Als Opfergabe spenden die Gläubigen regelmäßig für das Aufhängen neuer Gebetsfahnen sowie für das Weißeln des Stupa, dem dann eine Zeremonie folgt: Safranwasser wird in weiten Bögen um die »Vase« des Bauwerks verschüttet.*

*Khyentse Rimpoche auf den Stufen des Großen Stupa von Bodhnath, inmitten inkarnierten Lamas, die sich 1977 in Nepal versammelt hatten, um Ermächtigungen und Unterweisungen von ihm zu bekommen. Die unterschiedlichen zeremoniellen Kopfbedeckungen sind Kennzeichen der verschiedenen Traditionen, denen die Lamas angehören. Khyentse Rimpoche trägt die »Lotos-Krone«, ähnlich dem Hut von Padmasambhava.*

*Das Gold für die Spitze des Stupa wurde 1821 von Shabkar, einem umherziehenden tibetischen Yogi, gespendet.*

*Khyentse Rimpoche schaut von seinem Fenster im ersten Stock des Shechen-Klosters in Nepal dem alljährlichen sakralen Tanzfest zu.*

*Das Fest der sakralen Tänze im Shechen-Kloster in Nepal zur Feier des Geburtstages von Padmasambhava ist das gleiche, das man im Shechen-Kloster in Tibet feiert* (Seite 22–27). *Die Tanzmeister sind aus Tibet nach Nepal gekommen, um die Tanzfolgen zu lehren, die zwei Tage lang dauern.*

*Ein Tänzer mit seiner fünfblättrigen Krone, die die fünf Weisheiten des Buddha symbolisiert. Über sein Gesicht fallen schwarze Schnüre, die Haare der Dakini symbolisierend (ein weibliches erleuchtetes Wesen), die er darstellt.*

Die drei »Fahrzeuge« *(Yana)* oder drei Wege der buddhistischen Lehre, die man zusammen als Ganzes praktizieren kann, sind mit drei fundamentalen Begriffen verbunden.

**Entsagung** ist das Fundament des Grundlegenden Fahrzeugs und damit auch das der anderen beiden. Sie besteht in dem festen Entschluß, sich nicht nur von den unmittelbaren Leiden des Lebens zu befreien, sondern auch aus den niemals endenden Leiden des Samsara, dem leidvollen Daseinskreislauf. Entsagung ist verbunden mit Desillusionierung und tiefem Überdruß an der endlosen Suche nach Anerkennung, Bestätigung, Profit und Status in dieser Welt.

**Mitgefühl** ist die treibende Kraft des Großen Fahrzeugs. Es geht aus der Erkenntnis hervor, daß sowohl das Ich wie auch die Phänomene in Wirklichkeit ohne jede konkrete Realität sind. Die Myriaden von illusorischen Erscheinungsformen für feststehende, unabhängige Entitäten zu halten ist, was Unwissenheit genannt wird. Aus ihr resultiert das Leiden. Ein erleuchtetes Wesen, das die letzte Natur der Dinge realisiert hat, empfindet spontanes und schrankenloses Mitgefühl für die, die unter dem Einfluß der Unwissenheit in Samsara irren und nichts als Leiden erfahren. Von einem ähnlichen Mitgefühl inspiriert, streben alle, die dem Weg des Großen Fahrzeugs folgen, nicht nur nach der eigenen Befreiung, sondern geloben, den Zustand der Buddhaschaft zu erlangen, um alle Wesen von den Samsara inhärenten Leiden zu befreien.

**Reine Wahrnehmung**, die außerordentliche Sichtweise des Diamantenen Fahrzeugs, besteht darin, die Buddha-Natur aller Wesen und die ursprüngliche Reinheit und Vollkommenheit aller Erscheinungsformen zu erkennen. So wie in jedem Sesamsamen Öl enthalten ist, ist in jedem Wesen die Buddha-Natur vorhanden. Unwissenheit ist das Nichtwissen um diese Tatsache, ähnlich dem Bettler, der nicht weiß, daß ein Topf voller Gold unter seiner Hütte vergraben ist. Der Weg zur Erleuchtung ist also nichts anderes als das Wiederentdecken unserer in Vergessenheit geratenen Buddha-Natur. Nachdem der Wind die Wolken vom Himmel vertrieben hat, sieht man die Sonne wieder, die in Wirklichkeit nie aufgehört hat zu scheinen.

*Khyentse Rimpoche*

*Khyentse Rimpoche beim Besuch des Thangboche-Klosters, in der Nähe des Mount-Everest-Basislagers, Nepal. Wie sein Gastgeber Thangboche Rimpoche (links) schaut er aus dem Fenster des Klosters den sakralen Tänzen zu, die im Hof zu seinen Ehren aufgeführt werden. Das Kloster ist eingerahmt von imposanten Berggipfeln* (siehe Seite 95–97).

*Einundzwanzig Lamas, als »Schwarzhüte« kostümiert, warten auf ihren Auftritt; im Klosterhof werden sie einen sakralen Tanz aufführen.*

*Die Maske stellt eine der acht Manifestationen von Guru Padmasambhava dar, sie heißt Nyimai Özer, »Lichtstrahlen der Sonne«. Während der sakralen Tanzfeste werden über hundert verschiedene Masken benutzt, die von den Künstlern des Klosters angefertigt wurden.*

*Ein Gesangsmeister aus dem Shechen-Kloster in Tibet, der die jungen Mönche des Shechen-Klosters in Nepal die rituellen Gesänge lehrt. Er begleitet sein Gebet mit Rolmo-Zimbeln.*

Ursprung aller Erscheinungsformen in Samsara und Nirvana
ist die Natur des Geistes – leer, leuchtend,
allumfassend, weit wie das All.

Bist du in diesem Zustand der unendlichen Weite,
entspanne dich in seine offene Dimension hinein, bleib in dieser Offenheit,
verschmilz mit diesem Zustand,
so wirst du ganz natürlich mehr und mehr loslassen –
wunderbar!

Wenn du diese Methode meisterst,
Geist und Sicht zu integrieren,
wird deine Verwirklichung immer umfassender werden,
und gleich der Sonne, die ungehindert ins All strahlt,
wird dein Mitgefühl auf alle Wesen scheinen.

*Khyentse Rimpoche*

Gleich dem den Sesamsamen durchdringenden Öl sind die Qualitäten des Buddha-Zustands in allen Wesen vorhanden. Sie waren immer da, vollständig und unveränderlich, als der natürlich strahlende Ausdruck der absoluten Natur. In diesem Sinn kann man sagen, daß alle Qualitäten des Nirvana auch in Samsara als dem Bereich des Leidens gegenwärtig sind. Welche Beziehung besteht zwischen den Phänomenen der Illusion und denen des erleuchteten Zustands? Nehmen wir die Wolken am Himmel als Beispiel. Sie bilden sich sozusagen dank des Himmels. Doch der Himmel ändert sich nie, die Wolkengebilde manifestieren sich in ihm, und wenn sie sich dann unter dem Einfluß des Windes auflösen, ist er wieder so, wie er immer war. In gleicher Weise sind alle Erscheinungsformen, auch die des Samsara, niemals außerhalb der erleuchteten Natur des Nirvana. Sie manifestieren sich in ihr, verändern sie aber in keiner Weise.

Sind umgekehrt in den Phänomenen des erleuchteten Zustands auch die Phänomene der Täuschung vorhanden? Nein, denn die absolute Natur ist unwandelbar. Keine Täuschung, so intensiv sie auch sei, kann ihr etwas anhaben. Man kann deshalb sagen, die Phänomene der Illusion sind niemals etwas anderes als die absolute Natur, doch die absolute Natur enthält nicht die Phänomene der Illusion. Buddha-Natur ist anwesend in der Täuschung, aber Täuschung ist nicht anwesend in der Buddha-Natur.

Im *Guhyagarbha Tantra* heißt es: »Die absolute Natur wird durch das Entstehen von Gedanken verschleiert.« Die Wesen haben die Erinnerung an das Absolute verloren, an ihre eigene wahre Natur. Die absolute Natur ist wie die Sonne, und die Erscheinungsformen sind wie die von ihr ausgehenden Lichtstrahlen. Zu erkennen, daß all diese Lichtstrahlen – die Phänomene – von der Sonne, der absoluten Natur, ausgehen, bedeutet, im gleichen Augenblick vollkommen zu erwachen. Die verwirrten Wesen aber erkennen nicht, woher die Strahlen kommen. Sie wenden sich von der Sonne ab, und statt nach dem Ort ihrer Herkunft zu schauen, blicken sie dahin, wo die Strahlen hinfallen; und damit beginnt die Vorstellung von einem Objekt im Außen und einem Subjekt im Innen. Wenn dann die fünf Sinne das »Objekt« mit dem »Subjekt« zusammenbringen, entstehen Habenwollen und Nichthabenwollen, Attraktion und Aversion. Damit ist die Saat des Samsara gesät, aus der die drei Bereiche der samsarischen Existenz entstehen. Die illusorischen Erscheinungsformen waren jedoch keinen Augenblick lang von der Buddha-Natur getrennt, die jedes einzelne Wesen und alle Phänomene durchdringt.

So wie das All die Welt mit ihren Bergen, Kontinenten und allem anderen enthält, sind alle Phänomene in der Buddha-Natur enthalten. Das All hat es nicht nötig, sich in irgendeiner Weise dem, was es enthält, zu beweisen. In ähnlicher Weise haben die Buddhas es nicht nötig, sich auf irgendeine Weise zu manifestieren. Doch ihrer machtvollen Wunschgebete kurz vor ihrer Erleuchtung wegen und aufgrund der Bittgebete der Wesen um ihren Segen erscheinen sie spontan in verschiedener Weise, um allen Wesen ihren Bedürfnissen entsprechend zu helfen.

*Khyentse Rimpoche*

*Ein Künstler appliziert Gold auf eine riesige Buddhastatue im Haupttempel des Shechen-Klosters in Nepal. Das Innere der Statue ist mit Reliquien und Mantrarollen gefüllt. Nach dem Vergolden wird die Statue mit einem Polierstein zum Glänzen gebracht. Im Tempel stehen drei dieser riesigen Statuen: der Buddha unserer Zeit, Shakyamuni, flankiert von einem der Buddhas der Vergangenheit, Dipamkara, und von Maitreya, dem Buddha der Zukunft.*

*Am Ende einer langen Zeremonie bringen die Lamas ein Lichtopfer dar. Jeder hält ein brennendes Licht in der Hand und ist mit seinem Nachbarn durch weiße aneinandergeknotete Schärpen verbunden. Die Teilnehmer rezitieren langsam melodische Verse; sie beten darum, daß sie in ihren zukünftigen Leben gemeinsam praktizieren können, bis jeder von ihnen Erleuchtung erlangt.*

*Zu Beginn einer Drupchen-Zeremonie im Shechen-Kloster in Nepal weiht Rabjam Rimpoche den für das Sand-Mandala vorgesehenen Platz auf dem Altar. Dabei visualisiert er sich als die zentrale Gottheit des Mandala und rezitiert den Text des Rituals.*

Alles Erscheinende ist das ursprüngliche Strahlen des Absoluten,
und die Natur des Geistes seine ursprüngliche Weisheit.
Der höchste Meister – das Aufgehen von beidem in einem Geschmack –
ist in mir! Ah! Ho! Welche Freude!

*Khyentse Rimpoche*

(oben) *Khyentse Rimpoche mit seinem Freund und Schüler Trulshik Rimpoche, der später seine Inkarnation finden sollte* (siehe Seite 142 und 148). *Wenn sich zwei Meister wie diese treffen, diskutieren sie nicht nur tiefsinnige philosophische Themen, sondern ziehen sich auch gern gegenseitig auf, tauschen Neuigkeiten aus und erzählen sich Geschichten – alles in einer warmen Atmosphäre, die von großer Freude und Ausgelassenheit geprägt ist.*

Alles Erscheinende ist offene Weite,
Glückseligkeit und äußerste Freiheit.

Mit freiem und glücklichem Geist
singe ich dies Lied der Freude.

Schaut man in den eigenen Geist
– Ursprung aller Wahrnehmung –,
sieht man nur klare Leerheit,
nichts Konkretes, das für real gehalten werden könnte.

Transparente Gegenwart, vollkommen offen,
ohne Außen, ohne Innen,
alles durchdringend,
ohne Grenzen, ohne Richtung.

Die weit offene Dimension der Sicht,
die natürliche Seinsweise des Geistes,
ist wie das All,
keine Mitte, kein Rand, kein Bezugspunkt.

Gelöst und ungezwungen,
alles, was ich erfuhr, so lassend, wie es ist,
habe ich die grenzenlose Ebene
des Absoluten erreicht.

Alles, was ich sehe, alles, was ich höre,
mein eigener Geist, der Himmel,
wird, in der Dimension der Leerheit aufgehend,
die kein Ende und keine Grenze kennt, eins.

Und die Vorstellung,
daß diese Dinge verschieden und getrennt sein könnten,
kommt niemals auf.

Im absoluten Bereich des ursprünglichen Gewahrseins
verschmelzen alle Dinge zu einem Geschmack.
Aber, relativ gesehen, sind alle Phänomene deutlich
voneinander zu unterscheiden.
Welch Wunder!

*Shabkar*

Ohne Mitte, ohne Rand,
lichthaftes Gewahrsein, das alles umfaßt,
diese strahlende Dimension der Weite:
natürliche ursprüngliche Gegenwärtigkeit.

Ohne Innen, ohne Außen,
aus sich entstandenes erleuchtetes Bewußtsein, wie der
Himmel so weit,
jenseits von Maß, Richtung und Schranken, –
diese äußerste, vollkommene Offenheit:
Raum und Gewahrsein nicht voneinander getrennt.

Innerhalb dieses ungeborenen, unendlichen Raums
erscheinen die Phänomene transparent wie ein Regenbogen.
Die reinen Bereiche und die unreinen, die Buddhas und die
Wesen
sind klar zu sehen, leuchtend und unterscheidbar.

So weit das All reicht, reicht auch das erleuchtete Bewußt-
sein.
So weit sich das erleuchtete Bewußtsein erstreckt, erstreckt
sich der Raum des Absoluten.

Himmel, Gewahrsein, absoluter Raum,
ununterscheidbar vermischt:
unvorstellbar, unendlich weit –
Fundament von Samsara,
Fundament von Nirvana.
Tag und Nacht in diesem Zustand zu verweilen
und ohne Mühe in ihn einzutreten – dies ist Freude!
*Emaho!*

*Shabkar*

*Khyentse Rimpoche. Er ist wie Padmasambhava gekleidet und führt dessen symbolische Gesten aus.*

*Der Große Stupa von Bodhnath in Nepal (siehe Seite 78), vom Dach eines Klosters aus gesehen, auf dem man im Vordergrund das Rad des Dharma erkennt, flankiert von zwei Rehen, die daran erinnern, daß Buddha seine erste Belehrung im Rehpark in Sarnath, in der Nähe von Varanasi, Indien, gab.*

*Im näheren Umkreis des Großen Stupa gibt es sechzehn tibetische Klöster, viele mit Klosterkollegien für neun oder zwölf Jahre dauernde Studien. Dieser Ort ist einer der blühendsten Zentren buddhistischer Gelehrsamkeit.*

Die Schneelöwen im Gebirge erfrieren nicht.
Die Raubvögel am Himmel fallen nicht herunter.
Fische ertrinken nicht im Wasser.
Dharmapraktizierende sterben nicht an Hunger.
Laß also die Sorge für dies Leben,
laß das Planen für die Zukunft fallen!

*Shabkar*

Wenn ich nicht mein Glück
gegen das Leid der anderen eintausche,
werde ich nie Erleuchtung erlangen,
und auch die Freude in Samsara wird mich
fliehen.

*Shantideva*

*Der Stupa von Swayambunath auf einem Hügel westlich von Kathmandu, einer der drei großen Stupa des Kathmandu-Tals. Er soll zur Zeit des Buddhas Kashyapa erbaut worden sein.*

*Khyentse Rimpoche wird von den Sherpa-Mönchen ins Thangboche-Kloster im Mount-Everest-Gebiet getragen. Die Bergkette hinter dem zackigen Gipfel des Ama Dablam bildet die Grenze zu Tibet.*

In diesen entlegenen Bergen:
Von oben fällt ein sanfter Regen hernieder,
im Norden und Süden ziehen Adler ihre Bahn,
ein Regenbogen leuchtet auf.

Von unten spähen Wildgänse mit gekrümmtem
Hals,
und der sich windende Fluß strömt dahin.
Im Hintergrund tanzen Rehe auf der Flanke eines
Berges,
dessen Gipfel den Himmel berührt.

Zu beiden Seiten blühende Wiesen, von Gebirgs-
blumen bedeckt,
über ihnen summen Myriaden von Bienen.
Vor mir die Berghänge, verziert mit Felszinnen;
der Ruf eines Kuckucks erfüllt mich mit Wehmut.

Heute stieg ich in die Berge
hinter meiner Einsiedelei,
ich hob den Blick
und schaute in den wolkenlosen Himmel.

Ich dachte an den absoluten Raum, der keine
Grenzen kennt,
und erfuhr eine Freiheit
ohne Mitte, ohne Ende,
völlig jeder vorgefaßten Ansicht entledigt.

Ich senkte den Blick, schaute geradeaus
und sah die Sonne dieser Welt.
Ich dachte an die Meditation
– hell und ungetrübt –
und erfuhr eine leere Klarheit ohne Gegensätze,
völlig jeder gerichteten Meditation entledigt.

Ich wandte meinen Blick nach Süden
und sah einen Regenbogen.
Ich dachte an alle Phänomene
– gleichzeitig erscheinend und leer –
und erfuhr eine natürliche Klarheit ohne
Gegensätze,
völlig jeder nihilistischen und eternalistischen
Sichtweise entledigt.

*Shabkar*

(gegenüber) *Der Gipfel des Ama Dablam mit seinem steil abfallenden Gletscher, vom Thangboche-Kloster aus gesehen.*

(oben) *Lama Ngödrup, fünfundzwanzig Jahre lang Khyentse Rimpoches vertrauter Diener und Schatzmeister, schaut von einem Felsen über dem Thangboche-Kloster ins Khumbu-Tal. Gebetsfahnen, die in einem Bambusgebüsch aufgehängt sind, wehen im Wind.*

# Rückkehr nach Tibet

1985 konnte Khyentse Rimpoche endlich nach Shechen zurückkehren. Im strahlend-klaren Licht Osttibets, in viertausend Metern Höhe, harrten am Weg nach Shechen dreihundert Reiter seiner Ankunft – braungebrannte Gesichter unter weißen Hüten. In den Händen hielten sie bunte Fahnen, die im Wind flatterten. Das waren keine Krieger, sondern Mönche, sie wollten ihn nach dreißig Jahren Exil begrüßen. Als Khyentse Rimpoches Wagen sich näherte, ritten sie langsam in weitem Kreis um ihn herum und zogen ihre Hüte ab, wenn sie direkt an ihm vorbei ritten. Dann verschwanden sie im Galopp in der Ferne, um Rimpoche im Kloster zu empfangen. Sie waren nicht die einzigen, die ihn erwarteten. Alle Nomaden der Region hatten ihre schwarzen Yakhaarzelte verlassen und eilten von den Berghängen herab, um ihn zu begrüßen. Sie verbrannten wohlriechende Pinien- und Wacholderzweige, und jede der kleinen Gruppen am Straßenrand hoffte, daß Rimpoches Wagen bei ihnen anhalten und er sie segnen würde. In dieser Region sind die Nomaden wegen der Temperaturen, die im Winter oft minus vierzig Grad erreichen, in dicke Schaffelle gekleidet. Die Frauen tragen Schmuck aus Korallen, Türkisen und Bernstein im Haar und halten ihre Kinder mit den vom kalten Wind geröteten Backen in den Falten ihrer Mäntel verborgen. An ihren Gürteln hängen Feuersteine und Zunder, der aus Edelweißblättern besteht.

Vom Kloster waren nur Ruinen übriggeblieben. Als Rimpoche ankam, erklangen vom Dach des Klosterkollegs, das als einziges Gebäude noch zwischen den Trümmern stand, der durchdringende Ton der Oboen, der helle Klang von Zimbeln und das tiefe Dröhnen der langen Trompeten. Eine Prozession von Mönchen und Musikern geleitete Khyentse Rimpoche zum Tempel. Sobald er seinen Sitz eingenommen hatte, zog ein langes Defilee von Mönchen und Laien an ihm vorbei. Als sie Rimpoches Segen erhielten, schauten sie mit innigster Verehrung zu ihm auf. Viele, besonders die älteren Mönche, konnten ihre Tränen nicht länger zurückhalten. Einige murmelten ein paar Worte oder nannten ihm ihren Namen. Rimpoche lächelte sie an, hier und da entdeckte er ein bekanntes Gesicht. Nach mehreren Stunden verlief sich der Strom der Menschen langsam, und Rimpoche konnte sich bei einer Tasse Buttertee mit den Klosterältesten unterhalten. Sie hatten ihm so viel zu erzählen: über die unsäglichen Prüfungen, die sie von Seiten der chinesischen Kommunisten erduldet hatten, wer gestorben war, wer überlebt hatte. Doch vor allem war dieser Tag ein Tag der Freude, wie ein plötzlicher Sonnenaufgang nach langer dunkler Nacht.

Am nächsten Morgen begann ein zweitägiges Fest mit sakralen Tänzen anläßlich Khyentse Rimpoches Rückkehr. Über hundert Tänzer und Musiker, alles Mönche des Klosters, nahmen daran teil. Dieses Fest ist im Klosterleben traditionell einer der Höhepunkte des Jahres. Doch während der Jahre der chinesischen Besatzung war daran nicht zu denken gewesen. Ein Jahr zuvor hatten die älteren Mönche es erstmals gewagt, die Tradition wiederzubeleben, und die Brokatkostüme und herrlichen Masken, die alle vernichtet worden waren, neu angefertigt.

Am Ende der Tänze gab Khyentse Rimpoche allen, den Mönchen und den übrigen Besuchern, die aus ganz Osttibet gekommen waren, seinen Segen und verschiedene Belehrungen. Unter seiner aufmerksamen Zuhörerschaft waren erstaunlich charaktervolle und edle Gesichter, wie in Fels gemeißelt, mit Augen, klar wie der Himmel. Alte Mönche drehten unermüdlich ihre Gebetsmühlen. An den Berghängen konnte man als braune, schwarze und weiße Farbtupfer die Pferde und Yaks der Besucher erkennen.

Khyentse Rimpoche wollte eine Nacht an der Stelle hoch über dem Kloster verbringen, an der einst die Einsiedelei seines Meisters Shechen Gyaltsap gestanden hatte. Da er nicht mehr ohne Hilfe gehen konnte, wurde er den Berg hochgetragen. Von der Einsiedelei stand kaum noch etwas, und so schlug Rimpoche sein Nachtlager auf einem schmalen Felsvorsprung unter den Sternen auf. Die anderen schliefen irgendwo im Wald oder in nahegelegenen Höhlen, einige voller Angst, daß sie im Schlaf den steilen Abhang hinunterrollen könnten. Später wurde an dieser Stelle wieder eine kleine Einsiedelei erbaut.

Khyentse Rimpoche war auch von anderen Klöstern eingeladen worden und reiste so viel und so weit er konnte. Wenn es keine Straßen gab, trug man ihn in einer Sänfte. Die Reisegruppe mußte Schluchten durchqueren, durch Flüsse waten und Bergpässe von fast fünftausend Meter Höhe überwinden. Man stritt sich um die Ehre, den Lama zu tragen; und da die Träger jede Viertelstunde abgelöst wurden, waren die langen Entfernungen in ein paar Tagesmärschen rasch bewältigt. Jedes Kloster bereitete ihm den gleichen würdigen Empfang. Die Mönche erschienen zur Begrüßung mit ihren weißen Hüten und bildeten mit der Bevölkerung eine lange Prozession, an der Spitze die Musiker in ihren farbenprächtigen zeremoniellen Gewändern. Bei der Ankunft im Dzongsar-Kloster schauten plötzlich alle zum Himmel. Um die Sonne herum war ein leuchtender Ring zu sehen, für die Tibeter ein glückverheißendes Zeichen. Bei seiner Ankunft am Tag zuvor war Khyentse von einem doppelten Regenbogen über den Dächern des Palpung-Klosters begrüßt worden (siehe Seite 122).

Überall gab Rimpoche Unterweisungen, tröstete und inspirierte alle, die gekommen waren, ihn zu sehen. Der Buddhismus gründet sich nicht auf irgendeine exotische unverständliche Philosophie. Er beschäftigt sich mit den allgemeinen Ursachen von Glück und Leiden und zeigt, wie wahres und dauerhaftes Glück allein aus innerem Frieden kommen kann. Diesen Frieden findet man nur, wenn man Selbstlosigkeit, Liebe und Mitgefühl entwickelt und Egoismus, Haß und Gier überwindet.

Es war erstaunlich, mit welch inniger Verehrung Khyentse Rimpoche während dieser Reise und auch den beiden nächsten Besuchen in Ost- und Zentraltibet begrüßt wurde. Sein Kommen bedeutete den Tibeter unbeschreiblich viel, oft schienen sie ihren Augen nicht trauen zu wollen und riefen: »Das muß ein Traum sein!« Dreißig Jahre hatten sie in ihrem Glauben nicht nachgelassen und allem Leiden widerstanden.

1985, als Khyentse Rimpoche in Zentraltibet weilte, reichte er bei der chinesischen Regierung ein Gesuch zum Wiederaufbau des Samye-Klosters ein, indem er dessen Bedeutung als kulturelles Erbe der Menschheit hervorhob. Samye war Tibets erstes buddhistisches Kloster, unter der Schutzherrschaft von König Trisong Detsen im 8. Jahrhundert von Padmasambhava und Shantarakshita gegründet. Überraschenderweise gab die chinesische Regierung ihre Zustimmung. Der König von Bhutan steuerte beträchtliche Mittel für das Unterfangen bei, und 1990 war von Samye das Haupttempelgebäude mitsamt seinen schimmernden goldenen Dächern wieder aufgebaut. Khyentse Rimpoche wurde zur Wiedereinweihung eingeladen und reiste noch einmal nach Tibet. Während der dreitägigen Zeremonien gab er den sechzig Mönchen und allen, die sich zu diesem einmaligen Ereignis eingefunden hatten, darunter auch einige seiner Schüler aus dem Westen, Unterweisungen und Initiationen. Der Wiederaufbau des Haupttempels ist nur ein Anfang. Die acht kleineren Tempel um ihn herum müssen neu errichtet werden, ebenso vier riesige Stupas und hundertacht kleinere, die früher die Klostermauern gekrönt hatten.

Bevor er von seiner letzten Tibetreise zurückkehrte, opferte Khyentse Rimpoche zweihunderttausend Butterlampen im Tempel von Jowo Rimpoche in Lhasa. Danach besuchte er noch einige geheiligte Stätten und Klosteranlagen in Zentraltibet.

Obwohl Khyentse Rimpoche schon achtzig Jahre war, hatten die Anstrengungen der Reise seiner Vitalität wenig anhaben können. Anfang 1991, als er in Bodh Gaya Unterweisungen gab, zeigten sich erste Anzeichen gesundheitlicher Schwäche. Trotzdem beendete er sein Programm und reiste nach Dharamsala, wo er einen Monat lang blieb, um dem Dalai Lama die wichtigen Übermittlungen und Ermächtigungen zu geben, um die Seine Heiligkeit ihn seit Jahren gebeten hatte.

Zurück in Nepal, verschlechterte sich Khyentse Rimpoches gesundheitlicher Zustand zusehends. Er nahm ab und benötigte immer häufiger Ruhepausen. Die meiste Zeit verbrachte er in stillem Gebet und Meditation, und nur noch wenige Stunden am Tag reservierte er für die, die ihn unbedingt sehen wollten. Eine vierte Reise nach Tibet ins Shechen-Kloster sagte er ab, um statt dessen nach Bhutan reisen zu können, wo er dreieinhalb Monate in Klausur gegenüber dem »Tigernest«, Paro Taktsang, verbrachte, einem Ort, dem Padmasambhava seinen ganz besonderen Segen gegeben hatte.

Danach schien sich Khyentse Rimpoches Gesundheit wieder gebessert zu haben. Er besuchte einige seiner Schüler in Klausur und sprach zu ihnen vom höchsten Meister, dem Meister jenseits von Geburt und Tod und jeglicher körperlicher Manifestation. Kurz danach zeigten sich wieder Anzeichen von Krankheit, und für zwölf Tage konnte er kaum etwas essen und trinken. Am 27. September 1991, bei Einbruch der Nacht, bat er, ihm zu helfen, aufrecht zu sitzen, und schlief danach friedlich ein. In den frühen Morgenstunden hörte sein Atem auf, und sein Geist löste sich auf in den absoluten Raum.

Damit fand Khyentse Rimpoches außerordentliches Leben ein Ende, ein Leben, das von früher Kindheit nur dem Studium, der Praxis und der Lehre geweiht war. Tag und Nacht und wo immer er sich aufhielt, war er stets ein Quell von Güte, Humor, Weisheit und Würde, galt all sein Tun der Erhaltung und Verbreitung aller Formen der buddhistischen Lehre.

Auf Wunsch seiner Schüler in Tibet und anderen Ländern der Welt wurde sein Körper mit den traditionellen Einbalsamierungsmethoden ein Jahr lang erhalten. Für einige Monate brachte man seinen Leichnam von Bhutan nach Nepal in das Shechen-Kloster, so daß mehr Menschen ihm die letzte Ehre erweisen konnten. Sieben Wochen lang wurden an jedem Freitag – seinem Todestag – einhunderttausend Butterlampen am Stupa in Bodhnath geopfert. Die tibetische Bevölkerung half den Mönchen des Shechen-Klosters bei der Vorbereitung und dem Anzünden der Lampen.

Im November 1992 wurden seine sterblichen Überreste bei Paro in Bhutan verbrannt. An der dreitägigen Zeremonie nahmen über hundert bedeutende Lamas, die königliche Familie und die Minister von Bhutan, fünfhundert Schüler aus dem Westen und ungefähr fünfzigtausend Buddhisten teil – solch ein Ereignis hatte es in der Geschichte Bhutans noch nie gegeben.

*Khampa-Mönche mit bunten Willkommensbannern; sie warten auf Khyentse Rimpoche, um ihn bei seiner Rückkehr aus dreißigjährigem Exil auf den letzten Kilometern zum Shechen-Kloster zu eskortieren* (siehe Seite 98).

Wenn man die Zitadelle der ursprünglichen Natur einnimmt, indem man den Geist vom erleuchteten Bewußtsein unterscheidet, wird die Sicht des Absoluten zunehmend klarer werden.
Auch wenn das erleuchtete Bewußtsein im Inneren noch nicht klar ist, hält man den Geist einfach davon ab, nach außen abzuschweifen.
Dies genügt, denn das erleuchtete Bewußtsein ist im tiefsten Grund des Geistes da.
Geist und erleuchtetes Bewußtsein sind wie Eis und Wasser, die nicht völlig ein und dasselbe sind, denn Eis ist fest, und man kann es greifen.
Geschmolzenes Eis aber ist nichts anderes als Wasser.
In Wirklichkeit sind Eis und Wasser also nicht verschieden, sondern eins.
In gleicher Weise ist der Geist, da voller Täuschung, nicht das erleuchtete Bewußtsein, aber die Natur des Geistes ist, wenn realisiert, nichts anderes als dieses.
Obwohl Geist und erleuchtetes Bewußtsein verschieden sind, kann man sie mit logischem Denken nicht unterscheiden.
Eines Tages, mit wachsendem Vertrauen, wird einem der Geist wie ein dummes Kind vorkommen und das erleuchtete Bewußtsein wie ein ehrwürdiger alter Weiser.
Das erleuchtete Bewußtsein wird vom Geist dann nicht mehr verdeckt, es wird ihn überstrahlen.
Weile also in entspannter Gelassenheit.

*Khyentse Rimpoche*

*Junge Novizen warten auf Khyentse Rimpoche, um ihn mit Blumen zu begrüßen.*

*Berittene Shechen-Mönche, deren Gesichter vom eisigen Wind Osttibets gerötet sind, warten auf Khyentse Rimpoches Ankunft. Als traditionelles Willkommenszeichen tragen sie Hüte aus weißer, über ein Bambusgestell gespannter Baumwolle.*

*Eine ganz andere Begrüßungsprozession erwartet Khyentse Rimpoches Ankunft im Dzogchen-Kloster. Die Kostüme und Masken stellen Menschen verschiedener Völker dar; damit soll zum Ausdruck gebracht werden, daß jeder auf Erden gekommen ist, den Gast willkommen zu heißen.*

Der Geist ist ohne Form, Farbe und Substanz – dies macht seinen Aspekt der Leerheit aus. Gleichzeitig kann der Geist aber erkennen und eine unendliche Vielfalt von Phänomenen wahrnehmen – dies ist sein Aspekt der Klarheit. Die unzertrennbare Einheit dieser beiden Seiten, Leerheit und Klarheit, ist die ursprüngliche und unwandelbare Natur des Geistes.

Die natürliche Klarheit Ihres Geistes ist im Augenblick noch von Täuschung verdunkelt. In dem Maß aber, in dem sich diese Trübungen klären, wird sich das strahlende Licht des erleuchteten Bewußtseins offenbaren, bis Sie dann ein Stadium erreichen, in dem Ihre Gedanken im Moment, in dem sie auftreten, auch schon befreit sind, so wie ein Strich auf dem Wasser im gleichen Augenblick, in dem er gezogen wird, schon wieder vergangen ist. Den Geist so zu erfahren heißt, auf die Quelle der Erleuchtung zu treffen. Wenn die Natur des Geistes erkannt ist, wird dies Nirvana genannt; wenn sie von Täuschung verdunkelt ist, Samsara. Doch niemals waren Nirvana und Samsara vom Kontinuum des Absoluten geschieden. Wenn das erleuchtete Bewußtsein sein volles Ausmaß erreicht hat, ist der Wall der Täuschung zusammengebrochen und die Zitadelle des Absoluten, jenseits von Meditation, für immer eingenommen.

*Khyentse Rimpoche*

*Ein zwölfjähriger Mönch, der Neffe des Tanzmeisters, übt für das jährliche Fest.*

*Auftritt der Mönche des Dzachuka-Klosters, sie spielen Rolmo-Zimbeln. Diese Instrumente bestehen aus einer Legierung von fünf verschiedenen Metallen, und wenn sie einen besonderen Klang haben, sind sie ein kostbarer Besitz des Klosters. Bei fast allen Zeremonien tragen die einfachen Mönche solche Hauben, Sersha genannt.*

*Mit weißen Begrüßungsschärpen warten die Mönche des Lagong-Klosters (Minyak, Osttibet, nahe der früheren Grenze zu China) auf Khyentse Rimpoche. Auf dem Weg sind die acht Glückszeichen mit weißem Kalk gezeichnet – die zwei Fische, der Knoten des unendlichen Lebens, das Siegesbanner und so weiter –, die die verschiedenen Buddha-Qualitäten symbolisieren. Mit den beiden Fischen sind Buddhas Augen gemeint, weil Buddha mit den stets geöffneten Augen der Weisheit Samsara durchquert wie ein Fisch, der mit offenen Augen durchs Wasser schwimmt. Das Holz ist für den Wiederaufbau des Klosters bestimmt, an dem freiwillige Helfer aus der Nomadenbevölkerung arbeiten.*

*In den Gesichtern der Khampas spiegeln sich Kühnheit, natürlicher Stolz und tiefer, unerschütterlicher Glaube, Eigenschaften eines unbezähmbaren Volksstamms, der der jahrzehntelangen Unterdrückung und Propaganda der Chinesen widerstanden hat.*

Verwirklichung verläuft in drei Stufen: theoretisches Verständnis, Meditationserfahrung und echte Verwirklichung. Theoretisches Verständnis wird durch das Studium der Lehre erzielt. Es ist natürlich notwendig, aber so wenig stabil wie ein aufgenähter Flicken, der sich früher oder später wieder vom Stoff löst. Beim Umgang mit den negativen und positiven Situationen, vor die uns das Leben stellt, hilft theoretisches Wissen wenig. Wenn wir ernsthafte Schwierigkeiten durchstehen müssen, ist uns dieses Wissen keine Hilfe.

Was die Erfahrungen in der Meditation angeht, so werden sie mit feinem Nebel verglichen, der sich schnell wieder verzieht. Wenn man sich in Abgeschiedenheit auf seine Praxis konzentriert, hat man in der Meditation unweigerlich die verschiedensten Erfahrungen. Derartige Erfahrungen sind jedoch nicht verläßlich; es wird dazu gesagt: »Wer seinen Erfahrungen in der Meditation nachrennt, wie ein Kind einem herrlichen Regenbogen, wird auf Abwege geraten.« Intensives Praktizieren kann Momente der Hellsicht und andere Zeichen der Verwirklichung hervorrufen, doch all das führt nur zu Hochmut und Erwartungen, ist lediglich die Versuchung der Dämonen und eine Quelle für Hindernisse.

Im allgemeinen ist es schwieriger, mit positiven Umständen umzugehen, weil sie einen stärker ablenken. Wenn Sie alles haben, was man sich wünschen kann, Vermögen, ein komfortables Haus, schöne Kleider, sollten Sie nicht zwanghaft daran hängen, sondern diese Dinge als illusorisch sehen, wie etwas, das man im Traum erworben hat. Wenn jemand auf uns wütend ist oder wenn man krank wird, ist es relativ leicht, über Geduld zu meditieren beziehungsweise mit der Krankheit umzugehen, weil uns Leiden spontan zum Dharma zurückbringt. Aus diesem Grund sind schwierige Bedingungen leichter in den spirituellen Weg zu integrieren. Wenn nämlich alles glattgeht und man sich glücklich fühlt, hat unser Geist kein Problem, die Situation zu akzeptieren. Wie Öltropfen, die sich über die ganze Haut ausdehnen, breiten sich Bindung und Anhaften unmerklich in unserem Geist aus und beherrschen unser Denken. Man wird dann fast besessen von seinem Erfolg, Reichtum und Ansehen, und davon wieder loszukommen ist sehr, sehr schwierig.

Mit echter Verwirklichung hingegen ist man wie ein mächtiger Berg, dem kein Wind etwas anhaben kann, oder wie das unwandelbare Blau des Himmels. Gute Bedingungen, schlechte Bedingungen, in welchem Ausmaß auch immer, führen nicht mehr zu Anhaften und Abneigung, Hoffnung und Furcht. In den Schriften wird gesagt, für einen echt Verwirklichten ist es genausowenig erfreulich, wenn ihm auf einer Seite mit einem Sandelholzfächer Kühlung zugefächelt wird, wie es angstmachend ist, wenn ihn auf der anderen jemand mit einer Axt zu erschlagen droht. Für einen solchen Menschen haben sich alle täuschenden Wahrnehmungen erschöpft. In diesem Stadium fördern alle Umstände, gleich ob günstig oder ungünstig, den Fortschritt auf dem Weg.

*Khyentse Rimpoche*

*Shechen-Mönche und Besucher erhalten Khyentse Rimpoches Segen. Es dauert etwa zwei Stunden, bis die geweihten Substanzen unter der Menge verteilt sind. Der Mönche rechts im Bild und sein (hier nicht zu sehender) Partner spielen während der Zeremonie ununterbrochen ihre Gyaling, die tibetische Oboe. Sie benutzen dafür eine spezielle Atemtechnik, uk-khoro, »kreisender Atem« genannt. Das ununterbrochene Tönen der Instrumente erreichen die Mönche dadurch, daß sie die in ihren aufgeblasenen Backen gehaltene Luft ausstoßen und gleichzeitig ihre Lungen über die Nase wieder mit Luft füllen.*

*Der Meister eines kleinen aus weißen Föhrenstämmen erbauten Klausurzentrums, das zum Tsatsa-Kloster gehört und eine Stunde Weges unterhalb des Shechen-Klosters im Tal liegt. Unter seiner Anleitung praktizieren hier zehn Mönche die traditionelle »Drei Jahre, drei Monate und drei Tage«-Klausur.*

*Ein Praktizierender; man erkennt ihn an seinem langen Haar, das seit dem Beginn der Klausur nicht mehr geschnitten wurde.*

*Khyentse Rimpoche auf dem Weg zu den Ruinen des Shechen-Klosters, 1985. Einer seiner Mönchsdiener und ein bhutanesischer Begleitoffizier helfen ihm beim Aufstehen. Direkt hinter ihm seine Frau Lhamo und sein Enkel Rabjam Rimpoche. Zwei Gyaling-Spieler schreiten voran.*

*Wo es keine Wege gibt, wird Khyentse Rimpoche getragen. Seine Reisegruppe watet durch den Fluß unterhalb des Shechen-Klosters; voran geht ein Mönch, der den Brokatschirm trägt.*

An wilden, einsamen Orten, wo niemand lebt,
laden Höhlen zum Wohnen und Praktizieren ein.

An wilden, einsamen Orten, wo niemand lebt,
sind wilde Tiere und Vögel unsere aufmunternden Freunde.

An wilden, einsamen Orten, wo niemand lebt,
spenden Wurzeln und Beeren Nahrung.

An wilden, einsamen Orten, wo niemand lebt,
tauscht man Samsara gegen Nirvana ein.

An wilden, einsamen Orten, wo niemand lebt,
sind die Bedingungen für die Verwirklichung günstig.

An wilden, einsamen Orten, wo niemand lebt,
offenbart sich die Schönheit der Natur.

Die Vorzüge eines Lebens
an einsam-entlegenen Orten,
weitab von jeder menschlichen Behausung,
sind nicht zu beschreiben.

Deshalb, ihr Erben der Siegreichen,
begebt euch an einsame Orte und praktiziert!

*Shabkar*

*Blick auf das Shechen-Kloster. Dieses Foto zeigt den Zustand des Haupttempels* (rechts im Bild) *im Jahr 1985. Auf der anderen Seite des Flusses die Ruinen des Klosterkollegs, das vor der Kulturrevolution ein bedeutendes Zentrum der Gelehrsamkeit war. Hier konnten einmal hundert Studenten ihr zwölfjähriges Studium absolvieren. Heute, nach einer Zwangspause von dreißig Jahren, hat das Kolleg wieder vierzig Studenten.*

*Zwei Gelehrte (Khenpo) aus benachbarten Klöstern. Die beiden herausragenden Lehrer der buddhistischen Philosophie und Praxis sind nach Shechen gekommen, um Khyentse Rimpoche zu sehen. Khenpo Wanglo (links) ging später nach Nepal, um am Shechen-Kloster in Kathmandu zu lehren. Er starb 1992 nach seiner Rückkehr nach Tibet.*

*Khyentse Rimpoche erteilt einer großen Gruppe von Lamas eine Initiation, hier in einem Zelt auf dem Gelände des Klosterkollegs von Shechen, 1985. Nach jeder Stufe der Übermittlung, bei der die Teilnehmer nach den Anweisungen des Meisters meditieren und visualisieren, kommen sie nach vorn, um gesegnet zu werden, das heißt, sie werden mit den verschiedenen Gegenständen des Rituals berührt oder trinken ein paar Tropfen Flüssigkeit aus der zeremoniellen Vase (Pumba), die mit einer Pfauenfeder verziert ist – hier in Rimpoches Hand zu sehen. Im Vajrayana-Buddhismus ist die Initiation (Wang) unentbehrlich, denn sie autorisiert den, der sie erhält, unter anderem dazu, eine bestimmte kontemplative Praxis zu beginnen.*

*(oben)* Als Khyentse Rimpoche 1988 Kham besuchte, legte er die dreitägige Reise von Derge, der Hauptstadt Khams, zum Dzongsar-Kloster in einer Sänfte zurück. Die Reisegruppe mußte über mehrere Hochgebirgspässe und durch tiefe Täler und kampierte am Wegesrand. Hier nähert sie sich dem Paß Gosé-La (siehe Seite 4).
*(gegenüber)* Nie sieht Khyentse Rimpoche erschöpft aus, trotz seiner achtzig Jahre, trotz des primitiven Fortbewegungsmittels und der Unbequemlichkeiten der Reise. Er freut sich, die Landschaft und die geheiligten Stätten seiner Jugend wiederzusehen. Die Reisegruppe macht auf dem über 5000 Meter hohen Paß Rast, um die Aussicht zu genießen. Wie alle, die eine Paßhöhe erreichen, rufen sie: »Kihi hi! Lha gyalo!« – »Mögen die Götter siegen!«

In den Felsburgen der Berge,
im kühlen Schatten der Wälder,
in kleinen Hütten aus grünem Gras
oder unterm Dach eines weißen Stoffzelts
weile ich, der unbeschwerte Yogi,
wie es mir gefällt.

Hier ist das fröhliche Lied
meines friedvollen Geistes.

Göttlicher, wahrer Guru,
die Güte, die du mir beweist,
übertrifft die des Buddha!

Dir habe ich mich anvertraut
und dadurch erkannt, daß alles Erscheinende
das zauberische Spiel des Geistes ist;
daß die Erscheinungen von Samsara und Nirvana
sichtbar, aber unwirklich sind.

Ich habe erkannt, daß die Natur dieses Geistes,
des Ursprungs von Samsara und Nirvana,
unbeschreibliche leuchtende Leere ist,
in der nichts ist, an dem man haften könnte.

In einsamer Wildnis verweilte ich
im ununterbrochenen natürlichen Zustand.
Ich ließ mein Bewußtsein sich entspannen,
und es hat – wie Baumwollflocken,
die man nicht länger zusammenpreßt –
seine natürliche Form angenommen.

Die Trübungen der Unwissenheit
haben sich von selbst geklärt,
und der unendlich weite Horizont
der absoluten Dimension ist hervorgetreten.

Kein Zögern, keine Fragen:
Dies ist die absolute Natur.
Selbst wenn vor mir alle Buddhas erscheinen würden,
hätte ich darüber mit ihnen keinen Zweifel zu klären.

*Shabkar*

Der spirituelle Meister ist das Fährschiff, das uns hilft, das gefahrvolle Meer des Daseins zu überqueren; er ist ein niemals irrender Kapitän, der uns zum Ufer der Befreiung bringt. Er ist der Regen, der das Feuer der brennenden Leidenschaften löscht; die helle Sonne und der leuchtende Mond, die die Finsternis der Unwissenheit vertreiben. Er ist die feste Erde, die das Gewicht von Gut und Böse trägt; ein wunscherfüllender Baum, der vorläufiges Glück und letzte Glückseligkeit spendet. Er ist der Hort von tiefgründigen und weitreichenden Lehren; ein wunscherfüllender Edelstein, der alles gewährt, was die Wesen auf dem Weg benötigen. In seiner unparteilichen Liebe ist er Vater und Mutter aller Wesen, ein mächtiger Strom des Mitgefühls, ein großer Berg der Freude, der sich über die weltlichen Angelegenheiten erhebt, ohne vom Sturm der Emotionen erschüttert zu werden. Er ist die große Wolke, deren Segen überall herniederregnet, ohne Unterschiede zu machen. Jegliche Art der Beziehung zu ihm, sei es, daß wir an ihn denken, ihn sehen, seine Stimme hören oder von seiner Hand berührt werden, bringt uns der Befreiung näher. Tiefes Vertrauen in ihn ist die Garantie für Fortschritt auf dem Weg. Die Wärme seines Mitgefühls und seiner Weisheit werden das Erz, das unser Wesen einschließt, zum Schmelzen bringen und das Gold unserer innersten Buddha-Natur freilegen.

*Khyentse Rimpoche*

Auf der Ebene des Relativen erscheint der Meister in menschlicher Gestalt, gibt Lehren und zeigt uns den Weg. Durch seine Unterweisungen und seinen Segen werden eines Tages seine Verwirklichung und unsere eins werden. Dann werden wir erkennen, daß der absolute, innere Meister als die Natur unseres Geistes immer gegenwärtig war.

*Jamgön Kongtrul*

Wenn die Sonne der Hingebung nicht den Schneegipfel
der vier *Kaya* des Meisters bescheint,
wird der Strom seines Segens niemals fließen.

*Drikung Kyoba*

Es ist besser, einen Augenblick lang an den Meister zu denken,
als zehn Millionen *Kalpa* lang über hunderttausend Gottheiten zu meditieren.

*Kundu Rimpoche Tantra*

*Auf dem Weg von Derge nach Dzongsar kommt Khyentse Rimpoches Reisegruppe an einem kleinen Zelt vorbei, das die hier ansässigen Mitglieder der Dilgo-Familie aufgeschlagen haben. Es gibt einen kleinen Empfang mit Erfrischungen, und die Familienmitglieder jeden Alters, von denen die älteren Khyentse Rimpoche aus früheren Zeiten noch kennen, können – viele mit Tränen in den Augen – mit ihm Neuigkeiten austauschen.*

*Auf dem Weg zum Dzongsar-Kloster, dem ehemaligen Sitz seines Meisters Khyentse Chökyi Lodrö, wird Khyentse Rimpoche, der in Begleitung der Reinkarnation von Chökyi Lodrö ist, von über tausend Reitern erwartet, die ihn zum Kloster eskortieren wollen.*

*Von Juni bis Ende August blühen die Wiesen in Osttibet: gelbe Butterblumen, dann blauer Enzian und später Edelweiß. Khyentse Rimpoche macht gerade Rast und unterhält sich mit Zenkar Rimpoche und Pewar Rimpoche, zwei Lamas, die viel zum Wiedererstarken des Buddhismus in Osttibet beigetragen haben.*

Wird nicht so, wie der silberne Nebel
ins weite, leere Firmament hochsteigt,
die Form unseres Meisters in der Unendlichkeit des
allgegenwärtigen Raums erscheinen?

Wird nicht so, wie im Rund eines herrlichen Regenbogens
ein sanfter Regen fällt,
der Meister einen Strom tiefgründiger Lehren
in einer Kuppel von fünffarbigem Licht herniederregnen?

Werden nicht so, wie Regenwasser
auf weiten Wiesenflächen stehenbleibt,
diese Lehren im Geist
deines vertrauensvollen Sohnes erhalten bleiben?

Werden nicht so, wie farbenprächtige Blüten
überall im saftigen weichen Hochland aufbrechen,
spirituelle Erfahrungen und Verwirklichungen
in meinem Geistesstrom erblühen?

*Shabkar*

*Ein doppelter Regenbogen erscheint über dem Palpung-Kloster, als Khyentse Rimpoches Reisegruppe sich nähert. Die Tibeter sehen im Regenbogen ein besonderes Glückszeichen.*

Ich habe euch die Wege gezeigt,
die zur Befreiung führen.
Doch wisset,
daß die Befreiung von euch selbst abhängt.

*Buddha Shakyamuni*

Der Geist spaltet seine Erfahrungen in Subjekt und Objekt, um sich dann mit dem Subjekt, dem »Ich«, zu identifizieren. Daraus geht die Idee von »mein« hervor, und damit beginnt das Haften an »meinem Körper«, »meinem Geist«, »meinem Namen«. In dem Maße, wie unser Anhaften an diesen drei Vorstellungen zunimmt, gilt unsere Sorge mehr und mehr nur noch unserem eigenen Wohlergehen. Unser Streben nach Bequemlichkeit, unsere Unduldsamkeit gegenüber den unangenehmen Seiten des Lebens, unser Beschäftigtsein mit Vergnügen und Kummer, Reichtum und Armut, Ruhm und Bedeutungslosigkeit, Lob und Kritik, das alles ist auf diese Vorstellung eines »Ichs« zurückzuführen.

Wir sind derartig ichbezogen, daß wir kaum jemals an das Wohl der anderen denken. Tatsache ist, daß wir so wenig daran interessiert sind, wie ein Tiger am Fressen von Gras. Die Einstellung der Bodhisattvas ist genau umgekehrt. Das Ego ist in Wirklichkeit nur ein Gedankengebilde, und wenn Sie erkennen, daß das Objekt, nach dem man greift, und der danach greifende Geist beide leer sind, fällt die Einsicht leicht, daß sich die anderen nicht von uns unterscheiden. Die Energie, die wir in die Sorge um uns selbst investieren, investieren die Bodhisattvas in die Sorge um andere. Wenn Bodhisattvas sehen, daß sie einem einzigen Wesen helfen können, zögern sie keinen Augenblick; sie stürzen sich dafür in das Feuer der Höllen, wie Schwäne in einen kühlen Teich.

*Khyentse Rimpoche*

*Der gekrönte Buddha, Jowo. Diese in Tibet am meisten verehrte Statue stammt aus Bengalen und wurde im 7. Jahrhundert von der chinesischen Prinzessin Wen-Ch'eng, der Braut des Königs Songtsen Gampo, von China nach Lhasa gebracht. Sie steht im Jokhang, Lhasas Haupttempel. Da sie aus massiver Bronze ist, wurde sie während der Kulturrevolution nicht zerstört, sondern in einem Speicher abgestellt. Später hat man sie dann wieder an ihren alten Platz im Jokhang gebracht. Die zerstörte Krone aus Rotgold mit eingelegten Korallen und Türkisen ist von Gläubigen in jüngster Zeit restauriert worden.*

*Das siebenstöckige Tempelgebäude auf der obersten Terrasse des Potala, der Winterresidenz des Dalai Lama, in Lhasa*

Trisong Detsen, tibetischer König im 8. Jahrhundert, wollte einen Tempel in seinem Reich errichten. Auf der Suche nach einem Priester, der den Platz segnen könnte, bat er seinen verehrten Lehrer Nyang Tingdzin Zangpo um Rat. Dieser wußte aufgrund seiner Hellsichtigkeit, daß im indischen Zahor ein berühmter Abt namens Shantarakshita lebte, und berichtete dies dem König. Der Abt wurde nach Tibet eingeladen. Shantarakshita versuchte nun den Ort für den künftigen Tempel zu weihen, aber ein Wassergeist, der ahnte, daß das Dickicht, in dem er hauste, abgeholzt werden würde, rief alle Geister zusammen; und des Nachts zerstörten sie alles, was tagsüber gebaut worden war, indem sie die Erde und die Steine dorthin zurückbrachten, von wo sie hergeholt worden waren.

Der König verlangte vom Abt einer Erklärung: »Ist dies, weil meine Trübungen so stark sind, oder habt Ihr den Platz nicht geweiht? Werden meine Pläne nicht in Erfüllung gehen?«

»Ich habe Mitgefühl und Liebe verwirklicht«, erwiderte der Abt, »aber Götter und Dämonen können mit solch friedvollen Mitteln nicht unterworfen werden. Nur zornvolle Methoden können helfen. Zur Zeit hält sich in Bodh Gaya, in Indien, ein Lehrer auf, der als Padmasambhava aus Uddiyana bekannt ist. Er wurde auf wundersame Weise in dieser Welt geboren. Er hat die fünf Wissenschaften gemeistert, den absoluten Sinn verwirklicht und die gewöhnlichen und höchsten Siddhis erlangt. Vor ihm erzittern alle Götter und Dämonen, und er bezwingt die Elementargeister. Wenn Ihr ihn hierher einladet, wird kein Geist ihm Widerstand leisten, und alle Eure Wünsche werden in Erfüllung gehen.«

Der König entsandte also Ba Trisher, Dorje Dudjom, Chim Shakyaprabha und Shübu Palgyi Senge nach Indien. Jeder von ihnen führt ein Maß Goldstaub und ein goldenes Glückszeichen mit sich. Sie erklärten Padmasambhava, daß er in Tibet gebraucht werde, um dort den Ort für einen Tempel zu weihen. Der Meister versprach zu kommen. Unterwegs band er die zwölf *Tenma*, die zwölf Schützerinnen, die einundzwanzig *Genyen* und alle Götter und Geister Tibets mit einem Eid. Schließlich kam er beim Roten Felsen an. Dort unterwarf er die Geister, und der Tempel von Samye, »Der Spontan Entstandene«, wurde errichtet. Er hatte ein dreistöckiges zentrales Gebäude, das von anderen Gebäuden umgeben war, die die vier Kontinente und die Subkontinente darstellten. Zwei Gebäude, der untere und der obere *Yaksha*-Tempel, stellten Sonne und Mond dar. Der Komplex war von einer Mauer umgeben, die von einhundertacht Stupas überragt wurde. Der Abt Shantarakshita, der *Acharya* Padmasambhava und der indische *Pandit* Vimalamitra warfen zur Einweihung dreimal Blumen, und viele wundersame Zeichen wurden gesehen.

*Patrul Rimpoche*

*Das Samye-Kloster im Tsangpo-Tal, Zentraltibet, vom Berg Hepori aus gesehen. Die Aufnahme entstand 1990 während der Wiedereinweihung des Tempels durch Khyentse Rimpoche* *(siehe Seite 99).*

*Das restaurierte Dach des Samye-Klosters im strahlenden Glanz der Morgensonne*

*Khyentse Rimpoche auf dem Brahmaputra. Um zum Samye-Kloster zu gelangen, muß das flache Fährboot den Fluß wegen der vielen Sandbänke im Zickzackkurs überqueren. Der alte Mönch mit Strohhut und Thermosflasche hatte Khyentse Rimpoche schon Ende der fünfziger Jahre begleitet, als er während einer Epidemie in Lhasa die Kranken besuchte* (siehe Seite 46).

*Das Tal von Drikung Terdrom, oberhalb des Drikung-Klosters, östlich von Lhasa. In der Nähe befindet sich die Sonnenstrahlen-Höhle, in der Padmasambhavas Gefährtin und Hauptschülerin Yeshe Tsogyal meditierte und die Natur des Geistes realisierte.*

*Kleine Einsiedelei im Nyemo-Tal, westlich von Lhasa; sie ist um die Höhle von Vairotsana gebaut, dem ersten und größten tibetischen Übersetzer* (siehe Seite 38). *Von den Vertiefungen im Felsen heißt es, daß sie die Fußabdrücke von einhunderttausend* Dakinis *(weibliche Gottheiten) sind.*

*Auf den zerstörten mächtigen Steinmauern des Mindroling-Klosters in Tibet blickt ein Mönch aus Khyentse Rimpoches Begleitung sinnend auf die Ruinen dieses Ortes einstiger buddhistischer Gelehrsamkeit und Praxis, der jahrhundertelang die bedeutendsten Geister Tibets angezogen hatte.*

*Im Mindroling-Kloster, einem der sechs großen Nyingma-Klöster Tibets, trifft Khyentse Rimpoche nach dreißig Jahren einen alten Freund wieder. Der alte Mönch ist der frühere Klausurmeister der berühmten Einsiedelei Kangri Thokar, in der Longchen Rabjam, der große Gelehrte und Heilige aus dem 14. Jahrhundert, praktizierte.*

Zu allen Tageszeiten sollten wir immer wieder für das Wohl aller Wesen beten. Beim Einschlafen sollten wir beten: »Mögen alle Wesen die absolute Natur verwirklichen.« Beim Aufwachen: »Mögen alle Wesen zur Erleuchtung erwachen.« Beim Aufstehen: »Mögen alle Wesen den Körper eines Buddha erlangen.« Beim Anziehen: »Mögen alle Wesen Bescheidenheit und Selbstachtung haben.« Beim Anzünden eines Feuers: »Mögen alle Wesen das Holz der negativen Emotionen verbrennen.« Beim Essen: »Mögen alle Wesen die Nahrung der Konzentration zu sich nehmen.« Beim Öffnen einer Tür: »Mögen alle Wesen die Pforte zur Befreiung öffnen.« Beim Schließen einer Tür: »Mögen alle Wesen das Tor zu den niederen Daseinsbereichen schließen.« Beim Ausgehen: »Möge ich den Pfad der Befreiung aller Wesen gehen.« Beim Bergaufgehen: »Möge ich alle Wesen zu den höheren Daseinsbereichen bringen.« Beim Bergabgehen: »Möge ich alle Wesen von den niederen Daseinsbereichen befreien.« Im Glück: »Mögen alle Wesen das Glück des Buddha-Zustands erlangen.« Im Leiden: »Möge das Leiden aller Wesen ein Ende finden.«

*Khyentse Rimpoche*

Zu Beginn müssen wir von der Angst vor Geburt und Tod getrieben werden, wie Wild, das soeben einer Falle entkommen ist. In der Mitte sollten wir wie ein Bauer, der seine Felder bestellt hat, nichts zu bedauern haben, selbst wenn wir sterben müßten. Am Ende sollten wir erleichtert und zufrieden sein, wie jemand, der eine große Aufgabe abgeschlossen hat.

Zu Beginn sollte uns bewußt sein, daß keine Zeit zu verlieren ist, wie jemandem, der von einem Pfeil verwundet wurde. In der Mitte sollten wir, ohne etwas anderes zu denken, über den Tod meditieren, wie eine Mutter, deren einziges Kind gestorben ist. Am Ende sollten wir wissen, daß nichts mehr zu tun ist, gleich einem Schäfer, dem der Feind die Herde zerstreut hat.

*Gampopa*

Es heißt: »Herrschaft über sich selbst ist das Zeichen der Weisheit, und das Zeichen für reife spirituelle Erfahrung ist die Abwesenheit von negativen Emotionen.« Dies bedeutet, daß wir in dem Maße, wie wir an Weisheit zunehmen, gelassen, friedlich und diszipliniert werden und nicht rücksichtslos, hochmütig und eingebildet. So erfolgreich unsere spirituelle Praxis auch ist, wir werden keinerlei Hochmut entwickeln und allmählich nicht mehr von angenehmen oder weniger angenehmen Umständen abhängig sein. Wir werden immer inneren Frieden haben, bescheiden sein, ohne Erwartungen und Ängste und gleichmütig gegenüber den acht weltlichen Sorgen um Gewinn und Verlust, Freude und Leid, Lob und Kritik, Ruhm und Bedeutungslosigkeit. Ein Sprichwort sagt, daß in der spirituellen Praxis die Schwierigkeiten am Anfang kommen und in weltlichen Dingen am Ende. Mit anderen Worten: Wenn wir uns von den üblichen Beschäftigungen lossagen und uns voll und ganz der spirituellen Praxis widmen, stellen sich uns wahrscheinlich einige äußere und innere Hindernisse in den Weg, doch je ausdauernder wir sind, um so glücklicher werden wir. Weltliche Beschäftigungen hingegen bringen anfänglich eine gewisse flüchtige und oberflächliche Befriedigung, enden aber schließlich in bitterer Enttäuschung.

Lassen Sie also alle anderen Gedanken beiseite, interessieren Sie sich nur für die durch die Praxis bewirkte innere Wandlung. Streben Sie nicht nach Reichtum, Ruhm und Einfluß, entwickeln Sie Bescheidenheit und dies nicht nur ein paar Monate lang, sondern für die Dauer Ihres ganzen Lebens.

Achten Sie ständig darauf, ob es Ihnen mit Hilfe der Lehren gelingt, Ihre negativen Emotionen zu überwinden. Wenn als Ergebnis einer spirituellen Praxis die negativen Emotionen und Ihr Egoismus zunehmen, ist diese Praxis nicht für Sie geeignet, und Sie sollten sie besser aufgeben. Wenn Sie angefangen haben zu praktizieren, hören Sie nicht auf jedermanns Rat. Sie müssen wie ein Wild sein, das eben einer Falle entronnen ist und so weit rennt, wie es nur kann. Sie müssen völlig frei werden von Samsara, nicht halb drinnen und halb draußen sein.

Wenn Sie sich in einer großen Menschenansammlung befinden, verlieren Sie nicht Ihre Achtsamkeit. Bewahren Sie den Zustand ungekünstelter Einfachheit und erinnern Sie sich an die Lehren Ihres Meisters.

Seien Sie wie eine Mutter, die von ihrem neugeborenen Kind getrennt wurde. Eine Mutter achtet mit größter Liebe und Aufmerksamkeit auf ihr Kind. Wenn es ihr auch nur für kurze Zeit weggenommen wird, kann sie nicht aufhören, an es zu denken. Genauso sollten Sie immer Achtsamkeit im Sinn haben.

Sollte Sie heute der Tod wie ein Blitzschlag treffen, seien Sie bereit, ohne Trauer oder Reue zu sterben und ohne an den Dingen zu hängen, die Sie zurücklassen müssen. Verlassen Sie dieses Leben – die Sicht der Wirklichkeit aufrechterhaltend – wie ein Adler, der sich in den blauen Himmel schwingt. Vor seinem Flug in die grenzenlose Weite des Himmels denkt der Adler nicht: »Meine Flügel werden mich nicht tragen! Ich werde nicht so weit fliegen können.« Erinnern Sie sich im Tod an Ihren Meister und halten Sie sich mit völligem Vertrauen an seine Unterweisungen.

*Khyentse Rimpoche*

*Vorbereitungen für die Kremation Khyentse Rimpoches in Bhutan, 1992. Khyentse Rimpoche starb 1991 in Bhutan, aber sein Körper wurde ein Jahr lang erhalten, um seinen Schülern aus der ganzen Welt Gelegenheit zu geben, ihm die letzte Ehre zu erweisen. Ort der Verbrennung war das Paro-Tal, gegenüber dem »Tigernest«, Paro Taktsang (siehe Seite 48), das man in den Bergen sehen kann. Khyentse Rimpoches Körper wurde in einem schön geschmückten Stupa verbrannt, der von einem pagodenähnlichen Gebäude überdacht und von unzähligen traditionellen Opfergaben umsäumt war. In den Zelten im Umkreis beten die königliche Familie Bhutans, Gäste und Lamas der verschiedenen Schulen, die auch Zeremonien abhalten (siehe Seite 99). Dichter Rauch von Räucherstäbchen liegt über den Gläubigen, die sich hinter den flachen Zelten versammelt haben. Später wurde am Ort der Verbrennung ein Stupa erbaut, der Khyentse Rimpoches Reliquien enthält.*

*Shechen Rabjam Rimpoche und andere Lamas in ihren zeremoniellen Gewändern während der Beisetzungsfeierlichkeiten im Shechen-Kloster in Nepal*

*Eine Tibeterin kümmert sich um die Lichtopfer während der Beisetzungszeremonien in Bodhnath, Nepal.*

Der höchste Lehrer, das Absolute, ist nie von uns getrennt.
Die unreifen Wesen aber erkennen dies nicht,
sie schauen nach Außen und suchen ihn in der Ferne.
Einziger Vater, in deiner unermeßlichen Liebe
hast du mir meinen eigenen Reichtum gezeigt.
Ich, der ich ein Bettler war, fühle in der Tiefe meines Herzens ständig
deine Gegenwart.

Weisheitslehrer, der du die Welt und die Wesen,
Samsara und Nirvana umfaßt,
du zeigst, daß alle Phänomene Lehren sein können,
und überzeugst mich, daß alles der absolute Meister ist.
Ich sehne mich nach höchster Verwirklichung
und fühle in der Tiefe meines Herzens
ständig deine Gegenwart.

*Khyentse Rimpoche*

*Der Große Stupa von Bodhnath leuchtet im Licht von einhunderttausend Butterlampen, die während der Beisetzungszeremonien jeden Freitag geopfert wurden* (siehe Seite 99).

# Leben ausserhalb der Zeit

Ich war in Klausur, und eines Tages, als der Himmel klar war, ging ich auf den Hügel oberhalb meiner Höhle und saß da allein. Im Norden quoll eine blendend weiße Wolke wie überkochende Milch an einem Berggipfel hoch. Als ich das sah, überwältigte mich die Erinnerung an meinen unvergleichlichen spirituellen Vater, und ich sang dies Lied der Sehnsucht:

Im Norden steigt eine große Wolke an den Bergwänden hoch,
weiß wie überkochende Milch.
Dies läßt mich an die Güte meines Meisters denken.

Unter dieser fernen Wolke erheben sich die einsamen Höhen
der Glückverheißenden Einsiedelei
und erinnern mich daran, wie einst mein Meister hier lebte.

Denke ich an seine Liebe,
weine ich und das Herz tut mir weh.
Mein Geist ist trüb, alles ist unwirklich.
Wenn er doch wieder da sein könnte!

Ich bin nur ein gewöhnlicher Mensch, ein Mensch ohne viel Hingebung,
aber immer noch sehne ich mich danach, ihn wiederzusehen.
Der Meister weilt nun im absoluten Raum
und sein unglücklicher Sohn bleibt im Sumpf von Samsara zurück.

Die blühenden Blumen in den Wiesen
erinnern mich an den Anblick des Meisters.
Damals konnte ich ihn von Angesicht sehen, nun nicht mehr.
Je mehr ich an ihn denke, desto mehr erfüllt seine Gegenwart mein Herz.

Der sanfte und freundliche Ruf des Kuckucks
erinnert mich an die Stimme des Meisters, so tief und wohlklingend.
Damals konnte ich seinen melodischen Worten zuhören, nun nicht mehr.
Je mehr ich an ihn denke, desto mehr erfüllt seine Gegenwart mein Herz.

Die aufgehende Sonne, die ihr Licht überall verbreitet,
erinnert mich an die Liebe und Weisheit des Meisters.
Damals sorgte er liebevoll für mich, nun ist das vorbei.
Je mehr ich an ihn denke, desto mehr erfüllt seine Gegenwart mein Herz.

Sein warmes, willkommenes Lächeln kommt mir in Erinnerung,
als ich ihn nach monate- und jahrelanger Trennung wiedersah.

Wo immer ich hingehe, denke ich an den Meister.
An welch einsamem Ort ich auch weile, ich denke an den Meister.
Alle Zeichen, die ich sehe, erinnern mich an meinen einzigen Meister.
Immer und überall denke ich an ihn.

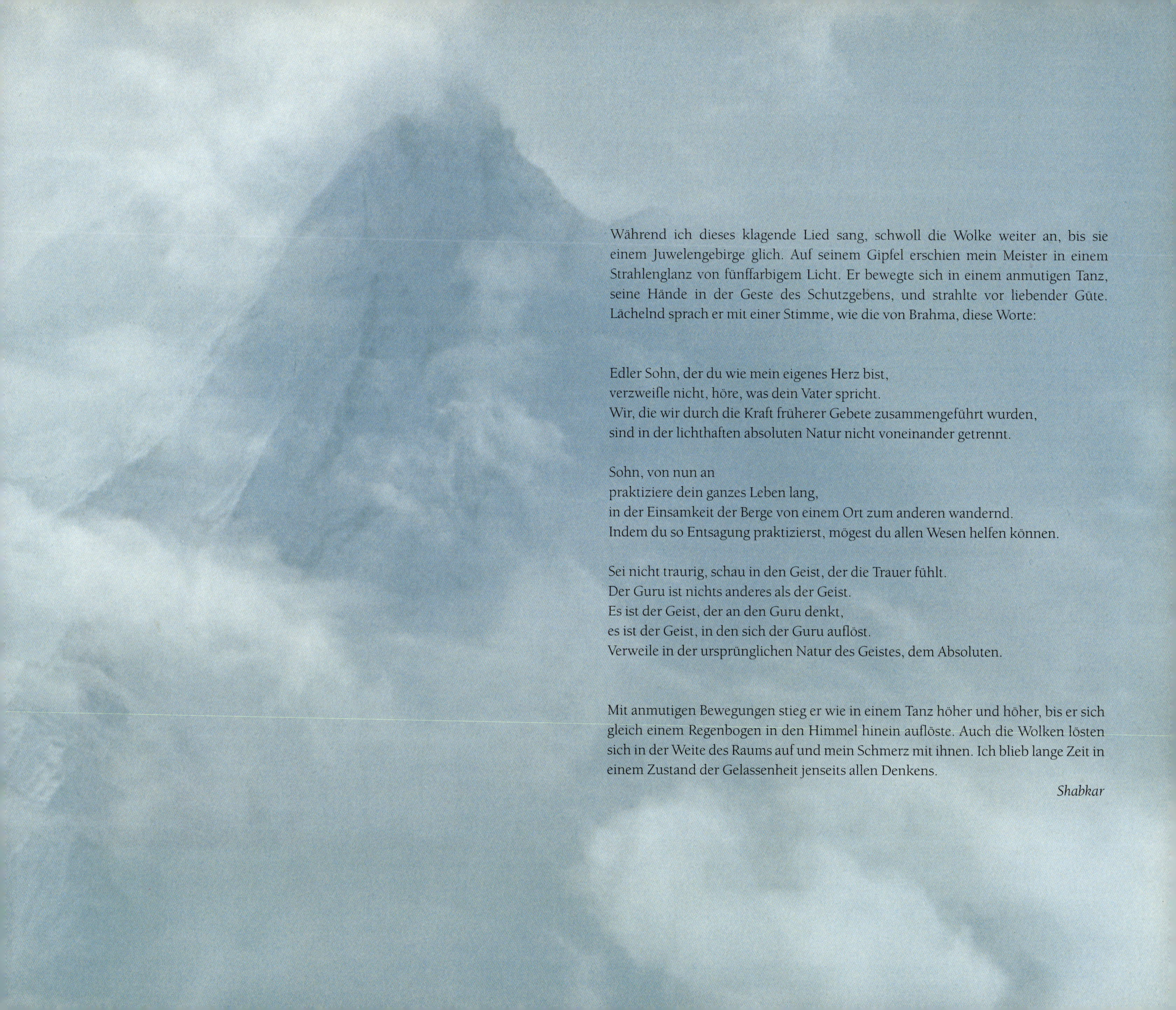

Während ich dieses klagende Lied sang, schwoll die Wolke weiter an, bis sie einem Juwelengebirge glich. Auf seinem Gipfel erschien mein Meister in einem Strahlenglanz von fünffarbigem Licht. Er bewegte sich in einem anmutigen Tanz, seine Hände in der Geste des Schutzgebens, und strahlte vor liebender Güte. Lächelnd sprach er mit einer Stimme, wie die von Brahma, diese Worte:

Edler Sohn, der du wie mein eigenes Herz bist,
verzweifle nicht, höre, was dein Vater spricht.
Wir, die wir durch die Kraft früherer Gebete zusammengeführt wurden,
sind in der lichthaften absoluten Natur nicht voneinander getrennt.

Sohn, von nun an
praktiziere dein ganzes Leben lang,
in der Einsamkeit der Berge von einem Ort zum anderen wandernd.
Indem du so Entsagung praktizierst, mögest du allen Wesen helfen können.

Sei nicht traurig, schau in den Geist, der die Trauer fühlt.
Der Guru ist nichts anderes als der Geist.
Es ist der Geist, der an den Guru denkt,
es ist der Geist, in den sich der Guru auflöst.
Verweile in der ursprünglichen Natur des Geistes, dem Absoluten.

Mit anmutigen Bewegungen stieg er wie in einem Tanz höher und höher, bis er sich gleich einem Regenbogen in den Himmel hinein auflöste. Auch die Wolken lösten sich in der Weite des Raums auf und mein Schmerz mit ihnen. Ich blieb lange Zeit in einem Zustand der Gelassenheit jenseits allen Denkens.

*Shabkar*

# Wandel und Dauer
# Das geistige Vermächtnis

Übermittlung und Kontinuität spielen in der buddhistischen Tradition eine entscheidende Rolle. Damit die lebendige Überlieferung nicht unterbrochen wird, muß echte spirituelle Verwirklichung vom Lehrer auf den Schüler übertragen werden. Die großen tibetischen Meister sind keine einsamen Mystiker. Ihre Weisheit, auf dem fruchtbaren Boden ihres Vertrauens und ihrer Ausdauer gewachsen, ist langsam unter der Sonne des Segens und der Weisheit ihrer Lehrer herangereift. Es gibt viele Wege, dem Lehrer seine Güte zu vergelten; der beste von allen aber ist, seine Lehren in der Praxis anzuwenden, bis im eigenen Geist echte Verwirklichung aufscheint.

Khyentse Rimpoches Leben ist das leuchtende Beispiel für diesen Weg. Außer mit seinen beiden Meistern studierte er noch mit über fünfzig großen Lehrern aller Schulen des tibetischen Buddhismus. Nachdem er ihre Unterweisungen vollständig in sein Leben integriert hatte, konnte er sie an viele tausend Schüler weitergeben. Einige von diesen wurden zu Haltern der Übermittlungslinie und führen sie heute als seine spirituellen Erben weiter.

Trulshik Rimpoche, 1924 geboren, ist ein solcher Linienhalter (siehe Seite 90). Außerdem ist er der Verwahrer von Khyentse Rimpoches »Geist-Schätzen«, wie es in den Texten dieser *Terma* vorausgesagt ist. Für die Nyingma-Schule ist er der Haupt-Geber der klösterlichen Gelübde, Tausende von Mönchen und Nonnen sind von ihm ordiniert worden.

Als Khyentse Rimpoche vor etwa dreißig Jahren einmal auf einer Pilgerreise in Nepal war, träumte er eines Nachts, daß er einen hohen Berg hinaufkletterte, auf dessen Gipfel ein kleiner Tempel stand. Innen saßen Seite an Seite seine früheren Lehrer aus dem Shechen-Kloster, Shechen Gyaltsap Rimpoche, Shechen Rabjam und Shechen Kongtrul. Khyentse Rimpoche warf sich vor ihnen nieder und fragte sie in Versform, ob sie unter den Chinesen gelitten hätten. (Alle drei waren Anfang der sechziger Jahre in chinesischen Gefängnissen umgekommen.) Sie antworteten ihm ebenfalls in Versen: »Für uns sind Geburt und Tod wie Träume, wie Illusionen. Im absoluten Zustand gibt es weder Zunahme noch Abnahme.« Khyentse Rimpoche brachte seinen Wunsch zum Ausdruck, bald mit ihnen in den Buddhagefilden vereint zu sein, denn er sah wenig Sinn darin, in einer Welt zu bleiben, in der die Lehren so rasch untergehen und die meisten Lehrer spirituelle Hochstapler sind. Aber Shechen Kongtrul blickte ihm fest in die Augen und sagte: »Du mußt unermüdlich zum Wohl der Wesen arbeiten und bis zu deinem letzten Atemzug für den Erhalt der Lehren sorgen. Wir drei werden dir in Gestalt einer einzigen Inkarnation bei der Erfüllung deiner Ziele zur Seite stehen.« Kurze Zeit darauf, 1966, brachte Khyentse Rimpoches älteste Tochter Chime Wangmo einen Sohn zur Welt, der vom XVI. Karmapa als die Reinkarnation von Shechen Rabjam anerkannt wurde.

Shechen Rabjam Rimpoche ist nicht nur Khyentse Rimpoches Enkel, sondern auch sein spiritueller Erbe. Ab dem Alter von fünf Jahren wurde er von Khyentse Rimpoche erzogen; er hat alle Lehren erhalten, die Khyentse Rimpoche im Verlauf von fünfundzwanzig Jahren erteilt hat. Über die außergewöhnliche Beziehung zwischen ihm und seinem Großvater berichtet Rabjam Rimpoche:

Meine frühesten Eindrücke von Khyentse Rimpoche sind die eines ungemein liebevollen Großvaters. Eigentlich war er für mich wie Vater und Mutter in einer Person. Als ich älter wurde, änderte sich diese Wahrnehmung allmählich, es wurde daraus tiefer Respekt und schließlich unerschütterliches Vertrauen. Khyentse Rimpoche wurde mein spiritueller Meister. Als ich mit dem Studium der Schriften anfing, fand ich dort all seine Qualitäten als die eines authentischen und verwirklichten Meisters beschrieben. Nach seinem Tod nahm die Stärke seiner Präsenz nicht ab, sondern wurde im Gegenteil immer deutlicher. Ich weiß nun, welches Glück ich habe, jemandem wie ihm begegnet zu sein, und mein einziges Ziel ist, seine Lehren fortzuführen und seine Wünsche zu erfüllen.

Dies ist Rabjam Rimpoche bisher ausgesprochen gut gelungen. Im Alter von fünfundzwanzig Jahren mußte er die schwere Verantwortung für die Shechen-Klöster in Nepal, Tibet und Bhutan übernehmen, außerdem beaufsichtigte er den Bau eines neuen Klosters in Bodh Gaya in Indien, dem Ort von Buddhas Erleuchtung.

Dzongsar Khyentse Rimpoche, 1961 geboren, ist die Hauptinkarnation von Khyentse Chökyi Lodrö, dem anderen verehrten und geliebten Lehrer von Khyentse

*Khandro Lhamo, Khyentse Rimpoches Frau, 1987, im Alter von fünfundzwanzig Jahren*

*Khyentse Rimpoche mit Rabjam Rimpoche und Pema Wangyal Rimpoche* (oben links) *und mit Dzongsar Khyentse Rimpoche* (unten). *Trulshik Rimpoche* (oben rechts)

Rimpoche. Als der junge Dzangsar Khyentse in Sikkim inthronisiert werden sollte, reiste ihm Khyentse Rimpoche bis zur indisch-sikkimesischen Grenze entgegen,und während der mehrstündigen Fahrt zurück nach Gangtok, der Hauptstadt Sikkims, hielt er das Kind auf seinem Schoß und weinte. Einige seiner Begleiter fragten ihn später, ob diese offensichtliche Trauer als düstere Vorahnungen über die Zukunft der jungen Inkarnation zu deuten sei. Khyentse Rimpoche aber erklärte, er hätte aus Freude und Hingebung geweint, denn er hätte während der Fahrt nicht das Kind gesehen, sondern den früheren Khyentse Chökyi Lodrö leibhaftig. Wenn Khyentse Rimpoche später nach längerer Abwesenheit den jungen Dzongsar Khyentse wiedersah, pflegte er sich vor ihm niederzuwerfen – auch auf staubiger Straße. Dzongsar Khyentse Rimpoche wurde Khyentse Rimpoches enger Schüler und erhielt zahllose Lehren und Initiationen von ihm. Heute steht er verschiedenen Klöstern und Klosterkollegien in Indien und Bhutan vor.

Es ist unmöglich, alle Schüler von Khyentse Rimpoche aufzuzählen; sie sind, wie ein tibetisches Sprichwort sagt, so zahlreich wie die Sterne am herbstlichen Himmel. Um nur die bekanntesten zu nennen: Neben dem Dalai Lama, von dem schon die Rede war, sind es die beiden Chöling Rimpoches, Namkhai Nyingpo Rimpoche, Jigme Khyentse Rimpoche, Dzigar Kongtrul Rimpoche, Senge Trakpa Rimpoche, Orgyen Topgyal Rimpoche und Taklung Tsetrul Pema Wangyal Rimpoche, der von vielen als der Archetyp des idealen Schülers betrachtet wird und selbst ein authentischer Meister ist. Chogyam Trungpa Rimpoche, Sogyal Rimpoche, Chime Rimpoche und andere Schüler von Khyentse Rimpoche sind ebenfalls einflußreiche Lehrer im Westen geworden.

Khyentse Rimpoches Überlieferungslinie ist also lebendig, und seine Weisheit und sein Mitgefühl sind noch warm genug, um das Erz zu schmelzen, das unser Wesen umschließt, und das Gold unserer inneren Buddha-Natur freizulegen.

Khyentse Rimpoche lebte und atmete die buddhistischen Lehren. Er hatte die Fähigkeit, die Menschen – ungeachtet ihres kulturellen Hintergrundes – zu inspirieren, die Wertvorstellungen ihres Lebens in Frage zu stellen, und er hatte die immense praktische Erfahrung und Weisheit, sie dazu zu führen, ihren eigenen Weg zu finden. Die Fragen, mit denen die Lehren uns konfrontieren, sind heute genauso gültig wie einst. Khyentse Rimpoche hat stets betont, daß der buddhistische Pfad eine lebendige Erfahrung sein muß, ein Weg, die Dinge so zu erleben, wie sie wirklich sind.

Am Anfang nahm ich den Meister als Lehrer.
In der Mitte nahm ich die Schriften als Lehrer.
Am Ende nahm ich meinen eigenen Geist als Lehrer.

Vom Meister, der den Pfad zur Befreiung zeigt,
erhielt ich die geheiligten Lehren zu meiner eigenen Befreiung:
Meine Praxis war das Vermeiden von schlechten Taten und das Fördern der Tugenden.

Vom Bodhisattva-Meister
erhielt ich die geheiligten Mahayana-Lehren über das Erzeugen des Erleuchtungsgeistes:
Meine Praxis war, andere wichtiger zu nehmen als mich.

Vom Vajrayana-Meister
erhielt ich die geheiligten Geheimen Mantra-Lehren, Ermächtigungen und Anweisungen:
Meine Praxis war das Entwickeln von Vertrauen, Ehrfurcht und Reiner Sicht.

*Shabkar*

*Shechen Rabjam Rimpoche im Schwarzhutgewand während einer Zeremonie im Shechen-Kloster. Als Khyentse Rimpoches spiritueller Erbe ist er heute für die Shechen-Klöster und ihre Zweigorganisationen verantwortlich.*

*1995 kam Shechen Rabjam Rimpoche nach Tibet, um das Shechen-Kloster zu besuchen. Überall bereitete man ihm den gleichen beeindruckenden Empfang wie früher Khyentse Rimpoche. Einige ältere Mönche von Shechen geben mit Zimbeln und Trommeln den Rhythmus für die sakralen Tänze zu Ehren von Rabjam Rimpoche an.*

Der Nachdruck der Lehren Buddhas liegt darauf, den Geist zu meistern. Wenn Sie den Geist meistern, haben Sie damit Körper und Rede gemeistert, und nur dadurch findet Ihr eigenes Leiden sowie das der anderen ein Ende. Bleibt der Geist jedoch den negativen Emotionen überlassen, sind Sie weit vom Weg entfernt, obgleich das Verhalten Ihres Körpers und Ihre Rede möglicherweise perfekt wirken.

Das Meistern des Geistes wird dadurch erreicht, daß Sie sich in ständiger Achtsamkeit all Ihrer Taten und Gedanken bewußt sind. Prüfen Sie Ihren Geist, prüfen Sie ihn immer wieder und wirken Sie jedem auftauchenden negativen Gedanken sofort mit dem geeigneten Mittel entgegen. Kommen positive Gedanken in Ihnen auf, stärken Sie sie, indem Sie das Verdienst, das mit ihnen verbunden ist, dem Wohl aller Wesen widmen mit dem Wunsch, daß alle zur höchsten Erleuchtung gelangen. Wenn Sie diese ständige Achtsamkeit in der Übung von Geistiger Ruhe und Durchdringender Einsicht aufrechterhalten, wird es Ihnen später gelingen, das Erkennen der Weisheit inmitten ganz gewöhnlicher Aktivitäten und Zerstreuungen zu bewahren. Geistige Wachsamkeit ist die Basis für alles, sie ist das Heilmittel für alle Übel des Samsara.

In der Dharmapraxis sollten Sie ein Stadium erreichen, in dem es Ihnen gelingt, ständig – sowohl in den Meditationssitzungen, wie auch danach – die gleiche konstante Aufmerksamkeit in sich wachzuhalten. Dies ist der springende Punkt aller spirituellen Unterweisungen. Solange Ihr Geist zerstreut und unachtsam ist, können Sie noch so viele Mantras und Gebete rezitieren, noch so viele Tausende von Niederwerfungen machen, Ihre trübenden Emotionen werden dadurch nicht gereinigt. Diesen entscheidenden Punkt dürfen Sie nie vergessen!

*Khyentse Rimpoche*

*Nach der Begrüßung vor dem Shechen-Kloster eilen die Mönche mit ihren weißen Begrüßungsschärpen zum Eingang, um an den Willkommensfeierlichkeiten für Shechen Rabjam Rimpoche teilzunehmen.*

# Die Wiederkehr

Solange der Raum besteht
und solange es lebende Wesen gibt,
möge auch ich bleiben,
um das Leid der Welt zu verringern.
*Shantideva*

Am 28. Dezember 1995 versammelte sich im östlichen Nepal, in Maratika, einem Heiligtum Padmasambhavas, eine ungewöhnlich große Zahl von Lamas, Mönchen und Schülern aus aller Welt. Mit Trulshik Rimpoche, einem zweiundsiebzigjährigen Weisen an der Spitze, bildeten sie eine farbenprächtige Prozession. Jeder hielt ein Räucherstäbchen in der Hand, und alle blickten erwartungsvoll nach oben. Die Stille der Berge wurde vom Dröhnen eines russischen Hubschraubers durchbrochen, in ihm befand sich die soeben anerkannte Reinkarnation von Khyentse Rimpoche. Als das zweieinhalbjährige Kind im Arm seiner Mutter am Ausgang erschien, wurde es von Trulshik Rimpoche mit einer weißen Seidenschärpe begrüßt. Und als ob es völlig in dieser traditionellen Art der Begrüßung geübt wäre, gab ihm das Kind die Schärpe zurück, indem es sie ihm um den Hals hängte.

Dies war kein gewöhnliches Treffen. Trulshik Rimpoche war der Lama, der von seinem isolierten Kloster in der Nähe des Mount Everest aus den Jungen als die Inkarnation seines geliebten Lehrers, Dilgo Khyentse Rimpoche, identifiziert hatte. Nach Khyentse Rimpoches Tod im Jahr 1991 hatten sich seine engsten Schüler an ihn, den ältesten und verwirklichtsten unter ihnen, gewandt, um die Reinkarnation zu finden. Trulshik Rimpoche hatte Träume und Visionen, die ganz klar auf die Identität der Inkarnation hinwiesen. In einer dieser Visionen wurden in einem vierzeiligen Vers das Geburtsjahr, die Namen der Eltern und der Ort der Wiedergeburt offenbart. Trulshik Rimpoche hielt diese Details bis zum April 1995 geheim, dann sandte er eine Botschaft an Khyentse Rimpoches Enkel, Shechen Rabjam Rimpoche: Die entzifferten Verse nannten als Vater Chöling Rimpoche Mingyur Dewai Dorje (Sohn von Tulku Urgyen Rimpoche, einem der engsten spirituellen Freunde Khyentse Rimpoches) und als Mutter Dechen Paldrön. Ihr Sohn – geboren am zehnten Tag des fünften Monats im Jahr des Vogels (30. Juni 1993), Guru Padmasambhavas Geburtstag – war, wie es in den Versen hieß, »ohne Zweifel die Inkarnation von Paljor« (einer von Khyentse Rimpoches Namen). Der Dalai Lama bestätigte, daß das Kind Khyentse Rimpoches Inkarnation sei.

Am 29. Dezember fand eine einfache und bewegende Zeremonie in der Höhle von Maratika statt (siehe gegenüber). Für die anwesenden Schüler, die zum Teil in tagelangen Märschen von Kathmandu und Bhutan gekommen waren, war die Sonne, versteckt in der Tiefe ihres Herzens, wieder aufgegangen, um über die Welt zu strahlen. Das Gebet, das der Dalai Lama geschrieben hatte, einige Tage nachdem Khyentse Rimpoche diese Welt verlassen hatte, war in Erfüllung gegangen:

Je hilfloser die Wesen sind,
um so mehr entspricht es Eurer Natur, sie zu lieben.
Offenbart deshalb schnell das edle Antlitz Eurer Inkarnation,
um alle Wesen dieses dunklen Zeitalters zur Reife und Befreiung zu bringen.

Das Licht ist wiedergekehrt.

*In der Höhle von Maratika, Ostnepal. Trulshik Rimpoche überreicht Khyentse Rimpoches Yangsi (»einem, der ins Dasein zurückgekehrt ist«) die Ritualgewänder und gibt ihm den vom Dalai Lama ausgewählten Namen: Urgyen Tendzin Jigme Lhundrup – »Spontaner und Furchtloser Halter von Padmasambhavas Lehren«. Butterlampen auf Vorsprüngen und in Nischen im Fels erhellen die Höhle, die in einer entlegenen Hügellandschaft liegt, drei Tagesmärsche von der nächsten Straße entfernt. Der Ort wird auch von Hindu-Asketen verehrt, die nächtelang in der Höhle meditieren. Ihre Gesänge vermischen sich dabei mit dem schrillen Pfeifen der Fledermäuse, die das Höhlengewölbe bevölkern.*

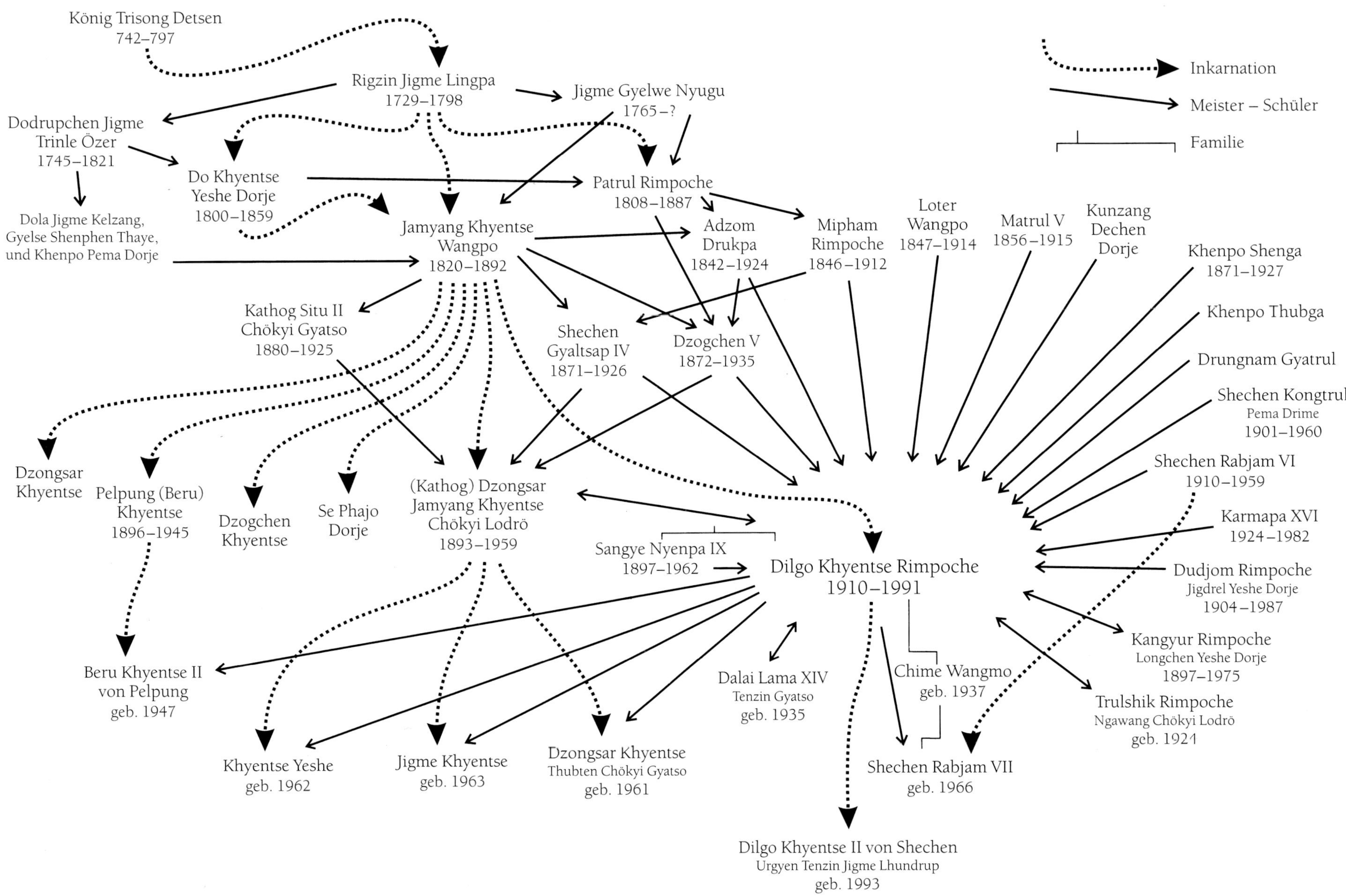


*Die Khyentse-Inkarnationen sowie Khyentse Rimpoches wichtigste Übermittlungslinien*
*(Aufgrund von Platzmangel ist es nicht möglich, die Namen aller seiner wichtigsten Schüler zu nennen.)*

*Die Grenzen Tibets vor der kommunistischen Invasion 1959*

## GEDICHTE, LIEDER UND BELEHRUNGEN: QUELLEN

S. 1: Dilgo Khyentse Rinpoche, *Collected Works*, vol. 3 · S. 17: Shantideva, *Bodhicaryavatara* · S. 19: Padmasambhava/ Chogyur Lingpa, *Lam rim ye shes snying po*; Nagarjuna, *Suhrllekha (bShes spring)*; Chandrakirti; beide Zitate aus Shantideva, *Bodhicaryavatara*; Milarepa, *mGur 'bum* · S. 20: Shabkar, *Collected Works*, vol. 1 · S. 26–27: Dilgo Khyentse Rinpoche, *Collected Works*, vol. 23 · S. 29: Dilgo Khyentse Rinpoche, *Das Herzjuwel der Erleuchteten*; Jamgön Kongtrul, *Commentary on Lam rim ye shes snying po*; Shabkar, *Collected Works*, vol. 1 · S. 39: Dilgo Khyentse Rinpoche, *Commentary on rGyal sras lag len* · S. 45: Dilgo Khyentse Rinpoche, *Commentary on Ding ri brgya rtsa ma* · S. 46, 48: Auszüge aus Dilgo Khyentse Rinpoche, *Collected Works*, vol. 3 · S. 49: Maitreya-Asanga, *Uttaratantra-shastra (rGyud bla ma)* · S. 52: Dilgo Khyentse Rinpoche, *Das Herzjuwel der Erleuchteten* · S. 54, 57: Shabkar, *Collected Works*, vol. 1 · S. 61: Dilgo Khyentse Rinpoche, *Commentary on rGyal sras lag len* · S. 62: Shechen Gyaltsap, *Collected Works*, vol. 5 · S. 66, 67: Shantideva, *Bodhicaryavatara* · S. 72: Dilgo Khyentse Rinpoche, *Das Herzjuwel der Erleuchteten* · S. 82: Dilgo Khyentse Rinpoche · S. 86: Dilgo Khyentse Rinpoche, *Collected Works*, vol. 3; Dilgo Khyentse Rinpoche, *Commentary to Mipham Rinpoche's Jampel Dzogpachenpo* · S. 91, 92: beide Zitate aus Shabkar, *Collected Works*, vol. 1 · S. 94: Shabkar, *Collected Works*, vol. 1; Shantideva, *Bodhicaryavatara* · S. 96: Shabkar, *Collected Works*, vol. 1 · S. 101: Dilgo Khyentse Rinpoche, *Collected Works*, vol. 3 · S. 104: Dilgo Khyentse Rinpoche, *Das Herzjuwel der Erleuchteten* · S. 108: Dilgo Khyentse Rinpoche, *Explanation to Shechen Gyaltsap's commentary on Zurchungpa's Zhal gdams brgyad cu pa, Collected Works of Shechen Gyaltsap*, vol. 5 · S. 113, 117: Shabkar, *Collected Works*, vol. 1 · S. 118: Dilgo Khyentse Rinpoche, *The Wish-fulfilling Jewel*; Jamgön Kongtrul, *Commentary on Lam rim ye shes snying po*; Drikung Kyobpa; *Precious Embodiment Tantra* (Kun 'dus rin po che'i rgyud) · S. 122: Shabkar, *Collected Works*, vol. 3 · S. 124: Buddha Shakyamuni; Dilgo Khyentse Rinpoche, *Das Herzjuwel der Erleuchteten* · S. 126: Patrul Rinpoche, *The Words of My Perfect Teacher* · S. 133: Dilgo Khyentse Rinpoche, *The Wish-fulfilling Jewel* · S. 134: Gampopa; Dilgo Khyentse Rinpoche, *Commentary on Jigme Lingpa's Ri chos.* · S. 138: Dilgo Khyentse Rinpoche, *Collected Works*, vol. 3 · S. 140–141, 144: beide Zitate aus Shabkar, *Collected Works*, vol. 1 · S. 146: Dilgo Khyentse Rinpoche, *Das Herzjuwel der Erleuchteten* · S. 148: Shantideva, *Bodhicaryavatara*.

Mit Genehmigung des Herausgebers wurde aus folgendem Buch zitiert:

Dilgo Khyentse Rinpoche, *Das Herzjuwel der Erleuchteten*, © 1994 Theseus Verlag. Übersetzt aus dem Englischen von Padmakara Übersetzungen.

Andere Bücher von Dilgo Khyentse Rimpoche, die in deutscher Sprache erhältlich sind:

*Die sieben tibetischen Geistesübungen*, © 1996 O. W. Barth Verlag. Übersetzt aus dem Englischen von Padmakara Übersetzungen.

Padmakara Verlag und Übersetzergruppe:
Laugeral, 24290 Saint-Léon-sur-Vézère, Frankreich,
Fax (0033) 553.51.16.06.

Leser, die sich für die Aktivitäten der Shechen Foundation interessieren, die der Erhaltung tibetisch-buddhistischer Philosophie und Kultur gewidmet ist, können sich wenden an: Shechen Foundation, 36 West 20th Street, New York, NY 10011. Fax (718) 846-3751.

Für die Fotos in diesem Buch wurden Nikon FM2 Kameras und Kodachrome 64, Fuji Velvia 50 sowie Fuji Provia 100 Filme benutzt.

Deutsche Erstausgabe.
1. Auflage, Februar 1998.

Die amerikanische Originalausgabe ist 1996 unter dem Titel *Journey to Enlightenment: The Life and World of Khyentse Rinpoche, Spiritual Teacher from Tibet* erschienen.



Bei Aperture haben an *Journey to Enlightenment* mitgearbeitet:
Michael E. Hoffman, Verleger und Herausgeber; Michael Lorenzini, Projektleiter; Melissa Harris, Lektoratsleitung; Ron Schick, Lektorat; Diana Stoll, Lektoratsassistenz; Stevan Baron, Herstellungsleitung; Helen Marra, Herstellung; Meredith Hinshaw, Herstellungspraktikantin; Lesley Martin, Lektoratspraktikant.

Die Übersetzungen aus dem Tibetischen besorgte die Padmakara Translation Group.
Ins Deutsche übertragen von Sabine von Minden.
Lektorat der deutschen Ausgabe: Waltraud Götting und Ekkehard Kunze, (Büro W), Wiesbaden.
Gestaltung der deutschen Ausgabe nach dem Buchdesign von Wendy Byrne.
Satz und herstellerische Betreuung der deutschen Ausgabe: Dieter Kohler & Bernd Leberfinger, Nördlingen.
Druck und Bindung: Artegrafica S.p.A., Verona, Italien.

Dieses Buch gibt es nur bei Zweitausendeins im Versand (Postfach, D-60381 Frankfurt am Main, Telefon 01805/232001, Fax 01805/242001) oder in den Zweitausendeins-Läden in Berlin, Düsseldorf, Essen, Frankfurt, Freiburg, Hamburg, Köln, Mannheim (ab März 1998), München, Nürnberg, Saarbrücken, Stuttgart.

In der Schweiz über buch 2000, Postfach 89, CH-8910 Affoltern a. A.

ISBN-3-86150-254-2